アニマルコミュニケーター
前田理子

魂は ずっとそばにいる

旅立った ペットからの メッセージ

ビジネス社

はじめに

たくさんの本の中から手に取ってくださって、ありがとうございます。本書が目に留まったあなたは、毛深い4本足の甘えん坊か、美しい羽根の鳥か、可憐《かれん》な小どうぶつが家で待っている……あるいは、かつて共に暮らした方でしょう。

今、日本で飼育されているペットの数は、犬猫だけでも1857万5000匹（2019年度）にもなります。「ペット」や「飼育」という言葉を便宜上使いましたが、あなたや私にとっては、共に暮らすかけがえのない家族でしょう。

そんなかけがえのないどうぶつの家族が「どんなことを考えているのか知りたい」「旅立ったあの子に伝えたいことがある」と、思ったことはありませんか。

本書は、そう思う方の知りたいことが詰まった11篇の実話と、10名の方の体験談からなっています。

実話では、行方知れずの猫を思う人、出口の見えないペットロスに苦しむ人、気の毒な猫に心血を注ぐ人、亡き犬と散歩を続ける人、親との葛藤《かっとう》を愛犬に投影する人など、さまざまな心模様の人と、その方の愛犬・愛猫が登場します。どの話にも共通するのは、どうぶつの無償の愛で気づきや変化が起こる点です。

実話は、アニマルコミュニケーションという手法で聞き取った、どうぶつたちの心の声が主となっています。「アニマルコミュニケーション」という箇所で、今、心に疑問が生じた方もいらっしゃるでしょう。どのように行うかは本編の中に詳しく出てきますが、ペット先進国、欧米の現状を知っていただきたいと思います。トレーナーと協力してその子に合うトレーニング方法を探したり、愛護施設にいる子のつらい体験を聞いてあげたり、獣医師は治療の一環や飼い主さんの心のケアとして、アニマルコミュニケーションを取り入れています。つまり、どうぶつたちの気持ちをパーソナルに聞き出せる有効なツールとして、認知され普及しているのです。

日本ではまだ認知度が低いものの、少しずつ広まってきています。

本書の体験談コーナーのお1人も、「アニマルコミュニケーションなんて、見えない世界の怪しいものと思っていたけれど、その子と自分しか知らないことを、その子らしい言葉で聞かされて、とても驚いた。なにごとも、経験せずに否定してはいけないと痛感した」という感想を寄せてくれています。本当にその通りと思いますが、かつてペットシッターをしていたころの私も、実は同じように思っていたのです。
ペットシッター時代に、アニマルコミュニケーションの世界の扉を開いてくれ、屋号の「キキのテーブル」にも名前を残した、キキという猫との出会いを紹介させてください。

2005年の冬、大学キャンパスがある私鉄駅の住宅街に、キキはいました。大学に隣接した緑豊かな住宅街には、当時野良猫が多くいて、猫好きな住民たちが毎日ご飯をあげていました。そんな恵まれた環境で他の猫は丸々と太っていましたが、キキだけは小さく痩せっぽちで、いつも口から涎《よだれ》を垂らし、道路の縁石にうずくまっていたのです。

私はその近隣のシェルティの家へ、2週間の予定でペットシッターとして通っていました。真冬の寒い時期でしたから、シェルティの散歩で通る道の片隅にいるキキを目にするうち、放っておけない気持ちになってきました。そこでご飯をあげている人たちから情報を収集し、最終日に、キキを連れて帰ることにしたのです。

前日、私はキキに話しかけました。「あなたを保護したいと思っているの。できるだけのことをすると約束する。もし私と一緒に行ってもいいと思ったら、明日ここにいてね」黒と茶が混じったサビ模様のキキは、愛想が良い猫ではありませんでしたから、聞いているのかいないのかわからない顔をしていました。私も猫に通じるとは思っていなかったので、どうぶつ好きがよくやるような話しかけ方でした。

翌日お世話の前に見に行くと、キキはいつもの場所にいませんでした。そこで、ご飯をあげている人たちに声をかけ、キキの好物とキャリーバッグを預けて捕まえてほしいと頼んだのです。

ところが、みな口を揃えて、「あの猫、弱っている割に、なかなか捕まらないのよね」と言うのです。

お世話が終わって訪ねていくと、今日は誰が行っても、姿さえ見せなかったと言われました。可哀想だけれど縁がなかったと思いながら、念のためにと私も寄ってみたところ、キキはいつもと変わらない様子で、縁石に座っていたのでした。

そして私を見るや「ニャー」と鳴き、一直線に走ってきたのです。

こうしてキキを保護できたことは、私の中で単なる偶然と記憶され、その記憶も薄れた2カ月ほど後のことです。

その日は、自然療法などを取り入れている病院に来ていました。先天的な虚弱体質と診断されたキキは、西洋医学では治療方法がなかったのです。

院長先生に、保護するまでの経過を説明しているときでした。

「あの、ちょっといいですか」と、後ろから柔らかい声で話しかけられたのです。振り向くと、少女のまま大人になった感じの女性が立っていました。聞けば、院長先生の奥さんというのです。

「自分はそんな存在ではないと言っています」と、奥さんはキキを見つめて、言いました。当時の私は、どうぶつを擬人化してはならないと考えていたので、怪訝《けげん》な顔になったと思います。

「『みな善《よ》い人だったけれど、私のことを指さして、この猫は惨めで可哀想だ。見ているとつらくなるから、いっそいなくなってほしいと話していた。でも私はそんな惨めな猫じゃないし、あなたはそんな目で見なかったから、この人の力になろうと思ってついてきたの』キキちゃんは、そう言っています」

私の怪訝な顔は、驚きに変わりました。実際私は、声も出ないくらい驚いていたのです。キキは確かに、近隣の住民から不憫《ふびん》な猫という目で見られていました。そして奥さんの言う通り、悪気はないのですが、いつも指をさされていたのです。

誰もがSNSをやる時代ではありませんでしたから、奥さんが話したことは、キキが伝えなければ知りようがないのでした。

ポカンとしている私を察して、院長先生が説明してくれました。「妻はどうぶつの心の通訳で、アニマルコミュニケーターと呼ばれています。妻は子供のころから、どうぶつの声が自然に聞こえてくるタイプですが、今は、大人になって始める人の学校もありますよ。多様化した人間の生活に合わせて暮らすペットにとって、必要な分野だと思います」

私は診察台のそばに立っていたのですが、院長先生の説明が終わると、キキと同じ目線の高さへ腰を落として、彼女の顔をじーっとのぞきこんだものです。

「あのとき保護できたのは偶然じゃなかった。キキは、自分の気持ちで来てくれたのね」

キキのテーブルという屋号は、そのときの実感を元にしました。どうぶつと同じ目線で、彼らのテーブルに着いて話そう。そんな思いがこもっているのです。

さあこれから、あのとき私が驚いたどうぶつたちの心の世界へ、あなたをご案内します。最初は、物語を読むようにページをめくっていただいてもいいと思います。次第に実話の持つ力が、あなた心の奥深くに浸透していくことでしょう。

読み終わったとき、愛するペットが今までとは違う存在に見えてくるはずです。そして、ぎゅっと抱きしめずにはいられなくなることを、お約束します。

はじめに …… 002

1章　ペットロスと向き合うあなたへ

寄り添い続けるミルクの愛 …… 012

体験談❶　増野みどりさん　こころさん（チワワ♀） …… 027

ソフィーはそれまで歩き続ける …… 030

体験談❷　M・Fさん　にゃーこさん（MIX猫♀） …… 047

2章　特別な力ではないアニマルコミュニケーション

アンジェラのオーラが変わるとき …… 050

体験談❸ 矢島美花さん　チップスター君（フレンチブルドッグ♂）……064
桜のころに現れる犬……067
体験談❹ Ｉさん　ココ君（オカメインコ♂）……082

3章 惜しみなく与えられるどうぶつたちの愛

チョビ子がそっと寄り添うとき……086
体験談❺ Ｉさん　えるさん（フェレット♀）……100
シモンはなにを思って旅立った……103
体験談❻ 南川玲子さん　きなこさん（ＭＩＸ犬♀）……120
クロ坊が伝えたかったこと……123
体験談❼ Ａ・Ｙさん　燿さん（ＭＩＸ犬♀）……140

4章 どうぶつたちの前世と転生

さすらいの一生を卒業した猫 …… 144
体験談❽ T・Hさん キー君（MIX猫♂） …… 159
愛を知るために来た猫 …… 162
体験談❾ 加藤高明さん にゃん太郎君&クー君（MIX猫♂） …… 180
癒しという名の猫 …… 183
体験談❿ 金子真由美さん ティキ君（MIX猫♂） …… 199

5章 さようならはいらない

26年ぶりの再会 …… 204

おわりに …… 222

1章

ペットロスと向き合うあなたへ

寄り添い続けるミルクの愛

ペットの旅立ちは、人間の家族同様に暮らした人にとって、この上なくつらいものです。いつもそばにいてくれた愛《いと》しい子がいない日々は耐えがたくて、「今どこにいて、なにをしているの？」涙で滲《にじ》む目を空に向け、そう問いかけたことがある方も多いでしょう。

でも彼らは、旅立った後もしばらくあなたのそばにいると言ったら、信じてもらえますか？

「たとえ姿、形は見えなくても、その存在は消えてなくなっていません。あなたのすぐそばで、あなたに話しかけたり、すり寄ったり。尻尾を振っている子もいれば、じっと寄り添っている子もいますよ」

そう話しても、「私にはそんな力（霊感）がないから、感じない」と多くの方は言いきって、話をやめてしまいます。

そう簡単に決めてしまっていいのでしょうか……。

真の答えは、私たちの心の向け方にあるとしたらどうでしょう。意識の向く方向を遮《さえぎ》らず、そっと耳を澄ますことができたなら……あなたの愛しい犬や猫の存在を、感じ取ることができるのです。

最初に、私のペットロスの経験を紹介させてください。愛するマルチーズ、小太郎が他界したのは、26年も前のことです。当時は「ペットロス」という言葉さえ知られていない時代でしたから、深い悲しみを誰にも言えず、私はいつも通りの生活を続けていました。

勤めを終えて自宅がある駅のホームに降り立つと、いつもホッとしたものです。ホッとしたのは、これでいつ泣いてもいいと気が緩むからでした。

改札を出ると、駅前にあるコンビニの強烈な灯《あか》りを眺め、悲しみを紛らわせます。それから救いを求めるようにして、ふらふらとコンビニに入り、欲しい物はないのに買い物をします。でも、かごに溢《あふ》れるほど物を入れたって、悲しみは消えません。それどころか、小太郎のことが次々と思い出されてくるのです。

濡《ぬ》れた黒い鼻、くるみボタンのような瞳《ひとみ》、柔らかい絹のような毛並み。私が家に帰ると玄関に走ってきて、くるくる回って喜ぶ小さな身体《からだ》。抱きあげて頬《ほお》を押しつけたときの、温かくてフワフワした感触……。

涙が滲んでくると、走って家路を急ぎます。涙で濡れた手で鍵を回し、玄関のドアを開け、手探りで電気のスイッチを押します。そのときでさえ、10年間欠かさず迎えにきてくれた小太郎の姿を想像し、どこかで期待しているのでした。

私の目に、朝出かけたときと同じ、シーンと静まりかえった部屋が飛び込んできます。

「小太郎、小太郎」

口に出して名前を呼ぶと、とめどなく涙が溢れだします。私はその場にへたりこむと、声を張り上げ泣くのでした。

ペットが旅立ち、あの当時の私と同じような思いをしている人は、今もたくさんいます。

Sさんもその1人でした。愛猫《あいびょう》のミルクに先立たれて3カ月——先立たれるという言葉は、ふつう夫婦間で使うものですが、1人と1匹で仲睦《なかむつ》まじく暮らした方なら、その言い方が素直な気持ちでしょう。実際Sさんは、自分が半分なくなってしまったような感覚さえあって、毎日泣いているというのです。

セッション申し込みのメールに「電話ではなく、直接会ってミルクの話を聞きたい」とあり、文面からは、どんな些細《ささい》なことでもいいから存在を感じたいという、他のことは考えられなくなるほどの切実な気持ちが滲み出ていました。

ところが当日、部屋に入ってきたSさんに、そんな様子は見受けられません。むしろ、頭から靴まで身なりに配慮が行き届いた可憐《かれん》な人という印象です。

Sさんは控えめな物言いで、「ブログに甘い物がお好きと書いてあったので、良かったら召し上がってください」と、手土産を差し出してくれました。それからコートを綺麗《きれい》に折りたたみ、きちんと正座しました。大きな澄んだ目をした人で、その目は微笑《ほほえ》んでさえいます。

一見したところ、悲しみにくれる人とは、誰も思わないでしょう。でも、こういう人こそ深い気持ちを胸に秘めているものです。その証拠に、私がこう話を切り出しただけで、大きな目はみるみる涙でいっぱいになりました。

「おはよう、行ってきます、ただいま、おやすみ。Sさんは今も、ミルク君が生きていたころのように、話しかけているんですか？」

「な、なんでわかるんですか！　ミルクが、ミルクがそう言ったのですか？」

ミルクの言葉を聞きに来たはずなのに、そんなことも忘れたような発言が、Sさんから飛び出しました。こういうときは、愛する者の肉体はなくとも、存在は消えていない。そのことを、しっかり認識してもらう必要があります。

「ええ。ミルク君が教えてくれました。そうじゃなければ、私には知りようのないことですよね」

「ああはい、そうですよね……でも、あの……」

「お申し込みいただいたとき、Sさんはブログや SNS もやっていないと言っていました。だから私が情報を得るには、ミルク君に直接聞く以外、知りようがありません。信じていただけますか?」

頷《うなず》くSさんの頬には、もう涙が伝っています。

Sさんがミルクに出会ったのは、遊びに行った友達の家でした。生後6カ月の、オスの茶トラスコティッシュフォールドで、その愛らしさに一目惚《ひとめぼ》れだったそうです。友達に「引っ越し先が、どうしても連れていけない環境なの……。困ったな」と打ち明けられるや、Sさんは猫と暮らすために必要な品々を考え始めていました。

茶トラと言っても洋猫特有の淡いミルクティー色だったので、名前はミルクになりました。それから10年、Sさんとミルクは共に暮らしてきたのです。

Sさんとの暮らしを、ミルクは詳しく視《み》せてくれました。ここで言う「視せてくれた」とは、もちろん実際にではなく、リーディングすることによって得た映像や感覚のことです。

アニマルコミュニケーションについては、2章で説明してありますので、本章ではやり方だけ簡単に説明させてください。

意識の世界はよく、大海原に例えられます。その海の中でリーディング対象のどうぶつと繋《つな》がるには、航海で言うところの目的地の経度や緯度が必要になります。ペットの写真と名前が目的地なら、住所は緯度や経度にあたります。他にも、ペットの年齢、性別がわかると、より特定しやすくなるでしょう。

そうして必要な情報が揃《そろ》ったら、私たちアニマルコミュニケーターは自分の体調や予定に合わせて、リーディングを行います。意識の世界は形のないものなので、時間と空間の制約を受けません。遠く離れていても朝でも夜でも、リーディングは可能なのです。

リーディングの技法自体は、いたってシンプルです。落ち着いた安心できる場で意識を整え、情報が来るのを静かに待つだけです。リーディングができるようになる過程は、ここでは省きますが、みなさんが想像するような特殊な能力は必要ありません。本来は誰もが持っているのに使っていない回路があることを自覚し、繰り返し練習することによって、その回路を大きく太いものにしていけばいいのです。そう言われても、ピンとこないのも当たり前ですね。でも、特別な能力でないことだけは頭に入れておいてください。

さて、話をミルクの日常に戻します。Sさんが出勤してからの日中は自分が留守を護《まも》ると決めているようで、キャットタワーの上に陣取り、窓の外を眺める姿が視えてきたのです。彼は日がな一日そうやってタワーの上で過ごし、空を飛ぶ鳥や通りを行き交う人を眺め、時々思索にふけっていました。

Sさんが帰ってくる時間はしっかりと体内時計に組み込まれていて、18時ごろになると聞き耳を立てます。髭を広げ、地面から伝わってくる微細な振動に集中しています。やがてSさんの靴音を察知すると、キャットタワーを飛び降り駆け出すのです。

Sさんが玄関の扉を開けるころ、ミルクはちゃんと迎えにきています。

「わぁ、ミルク。ただいま」

Sさんは歓声を上げ、バッグを置いてミルクを抱き上げます。ミルクは彼女の頬に自分の頭をぶつけて喜びを表します。

「Nちゃん、お帰り」

ミルクはその可愛《かわい》い顔に似合わず中身は男っぽくて、Sさんのことを、彼氏のように名前で「Nちゃん」と呼ぶのでした。

あるとき、そんな幸せな毎日に影が差してしまいました。ミルクは、腎不全《じんふぜん》と診断されたのです。老齢猫には多い疾患だけれど、10歳の彼には、まだ早い。Sさんはすぐに治療を始め、ミルクもそれに応《こた》えました。おいしいとは言えない病気用のフードを頑張って食べ、疾患からくる吐き気を我慢し、どうしても吐きたいときは、Sさんに背を向け、そっと吐くのでした。

ミルクは、Sさんが自分のために猫と暮らせる住まいに引っ越し、生活を整えてくれたことに感謝していたし、自分がどれだけ愛され必要とされているかをちゃんと理解していたのです。その思いに応えるために、一生懸命、病と闘う様子が視えました。

「あの……ミルクは、なんて言ってますか？」

Sさんは、続きが聞きたくて、でも怖いという口調で聞いてきました。

「まいったなぁという顔で、こう言っていました。『Nちゃんは帰ってきて、ただいまと言いながら、気持ちが昂《たかぶ》って泣いてしまったり、虚《むな》しくなってしまったりしてさ……いくら僕がお帰り、待っていたよと言っても、泣くことにいっぱいいっぱいなんだ。自分の泣き声で耳を塞《ふさ》いでいるのと、同じだと思わないかい？』って。ちょっと保護者みたいな口調でした」

私がミルクの表情を真似《まね》ながら話すと、Sさんの顔がパッと輝きました。

「まいったなぁっていう、その顔！　懐かしい。いつもそういう顔をしていました。それから、ミルクにとって私はママって感じではないのです。時々、心配されている、見守ってくれてるなって感じていました。だからその保護者みたいな口調、もう間違いなくミルクです」

愛しいミルクに再び会えた喜びを、Sさんは噛《か》みしめているようでした。ここまでくると、部屋に入って来たときのかしこまった様子が嘘《うそ》のように、身体の緊張も解けています。

私はSさんに、「今度から帰宅したとき、悲嘆にくれないで、ミルク君が話しかけてくるのを、心を落ち着かせて待ってみてください」と伝えました。

『そうしたら、僕の気配、僕の足音、僕がNちゃんのお腹や胸に乗る重みを、ちゃんと感じるはずだから』、そんなふうにミルク君は言っています」

足を崩していたSさんは、ハッとした顔になって座り直しました。

「……ってことは、ミルクは、まだまだずっと、うちにいてくれるんですか?」

「ミルク君の場合は、ずっと家にいるというより、Sさんが話しかけたらその思いに反応して、来る感じです。それから、泣いてしまうときも来ていますね。心配そうにSさんを見上げ、足にすり寄る姿を視せてくれましたよ」

するとSさんは、悲しげな表情を浮かべました。

「ああ……私は亡くなった後も、ミルクに心配をかけてきたのですね。でもあの……そうやって、ミルクは私のところに、いつまでもいてくれますか?」

ミルクは、自分がこちらの世界にとどまり続けるのは、不自然なことだと教えてくれていました。リーディングをしたのは11月でした。およそ1カ月後にはクリスマス。ミルクは、「その時期は昇っていきやすい」と教えてくれたのです。多くの人があちらの世界に向かって祈りを捧《ささ》げるため、地上から天界に向かって、光のエネルギーの道筋ができるイメージです。

『だから僕もその光の道を通って、すっとあちらの世界に行きたいと思っているんだ。でもそれには……』

「ちょっと待ってください！」

Sさんが急にうろたえ始めたので、私は話を中断しました。

「やっと会えたと思ったのに……あと1カ月ちょっとで行ってしまうなんて……。私、ミルクを送り出すことなんてできるでしょうか」

Sさんは、なにか内なるものと闘っている顔つきになりました。それから「ミルクは、その後なんて言いましたか？」と、消え入りそうな声で聞いてきました。

『Nちゃん、僕は、行っていいかな？』

ミルクの言葉を伝えると、Sさんはテーブルに顔を伏せ泣いてしまいました。

ミルクの旅立ちから3カ月のSさんが、送り出せないという気持ちになるのは、当然のことです。26年前は、アニマルコミュニケーションはおろか、ペットロスさえ知られていなかったので、長い間、私はどこへ行くにも（会社へ行くときでさえ）小太郎の写真と位《い》牌《はい》を持ち歩いていたものです。家の中は、小太郎の食器もトイレもベッドもそのままでした。亡くなった事実に触れないで生活する。それが、自分の正気を保っていられる唯一の術《すべ》というくらい、当時の私は、悲しみにくれた生活をしていました。

では実際、愛する飼い主がそんな悲嘆の生活を送るのを、ペットたちはどう思っているのでしょうか。聞いてみると、答えはみな見事に一致しています。とても心を痛め、心配しているのです。

私はSさんの涙が止まるのを待ってから、以前リーディングをしたある猫の話をしてみました。

その猫は旅立ちから3年経《た》ってもなお、あちらの世界に行けずにいました。その子の肉体はなくなっているので、光の粒子が集まったような淡いシルエットとなって出てきたのです。フワフワ浮かぶ光の玉のイメージ、意識体だけになっていました。猫はしばらくすると、フワッと漂いながらゆっくり上へ昇り始めました。

そこで場面が変わり、飼い主さんが号泣する姿が視えてきました。その人はかつての私のように、旅立った子を3年経ってもなお手放せずにいました。失って、独りぼっちになるのが怖いという気持ちが伝わってきます。その気持ちを感じた途端、再び場面が戻り、フワフワ昇っていく猫に向かって、飼い主さんの手がヌッと伸びていきます。昇っていこうとしていたその猫は、あっという間にこちらの世界に引きずりおろされてしまいました。飼い主さんの強い恐れや悲嘆が、そうさせているのです。

その話を、Sさんはうつむき加減で、唇を噛みしめながら聞いていました。私は最後に、ミルクからのこんなメッセージを伝えました。

『Nちゃんは僕の存在を、本当はちゃんと感じていたよね。でも、そんなの気のせいだって、僕はとっくに死んで消えてしまったんだって、自分に言い聞かせていた。もう悲しまなくていいって、わかってくれる？　僕はそばにいる。Nちゃんがただいまって帰ってきたとき、いつものように足元にすり寄っている。名前を呼ばれたときは飛んでいってるよ。ただ僕の身体がなくなっただけで、僕の存在は、今も変わらずあるんだよ。大丈夫、Nちゃん怖がらないで、疑わないで、信じて。そうすれば、あちらの世界に行ってもずっと一緒にいられるから』

さて、この後Sさんはどうなったでしょうか。

クリスマスの前に、こんなメールが届きました。

「先日は、会いたくてたまらなかったミルクに会えた、夢のような時間でした。すべてが完全にミルクの言葉でした。亡くなってからのこの3カ月は、ただただ寂しくて悲しくて泣いてばかりいました。でも、おかげで霧が晴れたように気持ちが楽になりました。あれから、ミルクの気配を感じられるように、穏やかな気持ちで過ごそうと心がけています」

それからさらに10日ほど経った年の瀬、またSさんからメールが届きました。実はこのとき、ミルクは既にあちらの世界に昇っていたのです。

セッションを通じてミルクの気持ちを知り、存在が消えたわけではないと実感したSさんは、失う恐れと悲しみで目を覆い、耳を塞ぐことがなくなったのでしょう。そのため彼はクリスマスのタイミングで、光の道を通って昇っていけたのです。

「昨日、ミルクが来てくれました。寝ぼけ眼《まなこ》の明け方のことでした。羽毛布団の上をそっと歩いてやってきて、しばらく添い寝してくれたのです。

もうすごく嬉しかったのですが、なぜか私、眠くて目が開けられず……でも、あの布団の上に沈み込むミルクの足の重み、回り込んでやってくる歩き方は、ミルクそのものでした。とてもとても、幸せな時間でした」

ミルクがたとえあちらの世界へ行っても、純粋な愛で繋がっている。そう実感したSさんは、もう悲しみに打ちひしがれて泣き暮らすことはないでしょう。もちろん、すぐ元気になるわけではありません。涙をこぼすこともあります。でもその涙は、以前と質が違っているはずです。涙をこぼした後に、空を見上げ「どこにいるの？」と嘆くことは、もうないはずです。

「見ていた？　ミルク。ごめんね、心配かけて」と、言えるのですから。

体験談❶

増野みどりさん ——こころさん（チワワ　♀）——

大好きな父が急死し、悲しみで立ち上がれなかったある日の朝、友人たちがドタバタとうちにやってきました。

「今から犬もらいにいくから、顔洗っといで！」

と、叩き起こされ、いったいなにごとかと戸惑う私。

「どんな犬がいい？」「えっと……耳の大きな犬」と、寝ぼけて答えました。

すると友人たちは、なぜか顔を見合わせて、ぱっと輝くような笑みを浮かべたのです。

そして、その日の夕方には、チワワの「こころ」がうちにやってきました。

あらかじめ友人たちが選んでくれていた保護犬で、まさに、耳が大きな犬でした。小さくてガリガリでハゲちゃびん、汚れてどろんこのチワワでした。

友人たちが帰った後、犬を飼ったことのない私は、部屋の隅っこでぷるぷる震えているチワワを見て、途方に暮れました。困ったなぁ……。

けれど、すぐにかけがえのない家族になりました！

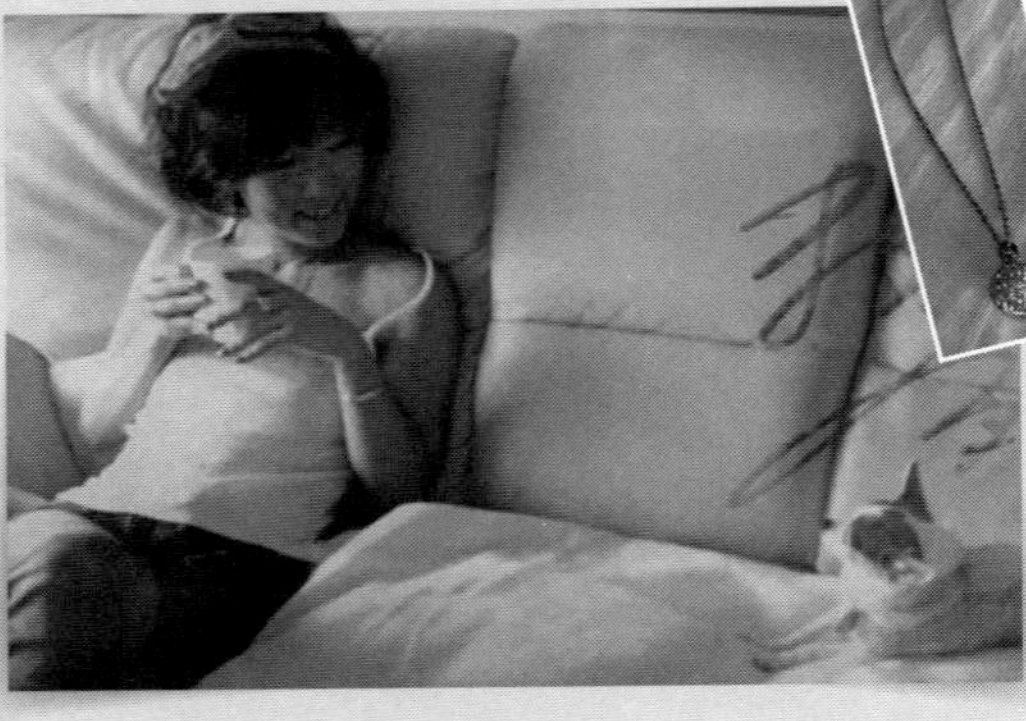

あちこち一緒に出かけました。買い物、温泉旅行、カフェ、時には、フランス料理のレストランまで！　一丁前に、1人分の席に着いて、料理を待っているんです。あんたは人かっ！（笑）

そう、こころは、おもちゃや他の犬にもまったく興味がなく、自分は人だと思っていた模様。

こころが亡くなるとき、「今が最後のお別れだ」と、はっきりわかりました。

つらかったけど、私の腕の中で、「大丈夫だよ。最後までついてるから安心してね」と話しかけながら、看取ることができました。

その後、理子《りこ》さんと出会いました。

その中で『形見をひとつ、つくってほしい。小さくて丸くてキラキラしたもの』という、こころからのメッセージを伝えていただきました。

なんと私はその日、こころの遺骨入りの、小さくて丸くてキラキラのペンダントをしていたのです！

私は、歌が仕事です。本番直前、ペンダントをギュッと握り「本番よろしくね！」が、おまじない。お陰で、落ち着いてショーができます。

そして今日は、父のお墓参りに来ています。夏の終わりの、強い日差しの、海の見える小高い丘。もちろん、こころの遺骨入りの、キラキラペンダントと一緒に！

こころさんが「いつも一緒だよ。お仕事の前とか、ここ一番というときは、ギュッとしてね」と言って、胸に下げるようなキラキラした小さな物をみせてくれたとき、そしてそれが彼女の遺骨入りペンダントと知ったときは、増野さんと2人で、感動の涙を流したものです。

身体はなくとも存在は消えてなくならないことを、ペンダントというわかりやすい形で示してくれた、貴重なセッションでした。

ソフィーはそれまで歩き続ける

最愛のペットを失った悲しみ、「ペットロス」――今では広く知られるようになった言葉ですが、その中身についてはよく知らない方も多いかもしれません。

ペットロスには、大きく分けて四つの時期があり、段階を経て回復するといわれています（専門家によっては5段階という説もあります）。

ペットが旅立って最初に訪れるのは、「事実拒否」です。前節の私のように、ペットが亡くなった直後、旅立ったことを認められない、認めたくないという日々が続きます。この時期はうつのような症状で引きこもり、自分の感情をコントロールできなくなる方もいます。

その時期を過ぎると、「絶望」を実感し始めます。愛するあの子はもう日常の中にいない……そう認めざるを得なくなるのです。すると、「なぜあの子がいないの！」（まだ若い

のに）（あんな病気にさえならなければ）（あのとき外に出さなければ）（もっと気をつけて見てあげていたら）と、いろいろな仮定をあげては、それが叶《かな》わなかったという、怒りと悲しみが湧いてくるのです。この時期は、前節の私やSさんのように不安定になり、ちょっとしたことでも泣いてしまいます。事実拒否と絶望の間を、行ったり来たりすることもあります。

この二つの時期を脱すると、回復、復帰と進んでいきます。少しずつ楽しかったことを思い出せるようになり、悲しみは感謝へ変わっていくのです。

ところが、相談を受ける中で、この段階通りに進まない方も多くいることを知りました。私が通う美容室のオーナー、Iさん紹介のGさんもそうでした。

夏の暑さがひと段落したある日のことです。私は行きつけの美容室へ向かうため、駅前の大通りを歩いていてIさんを見つけました。Iさんの店は大通りから1本入った中通りにありましたが、次の予約まで時間があるとき、Iさんは大通りに出てくるのです。それは、大通りに面したカフェが親戚《しんせき》の店だからでした。

Iさんの愛犬、アプリコットプードルのマールは美容室の看板犬で、一緒に出勤しています。大通りのカフェへもいつも連れてきているので、カフェにも犬好きのお客さんが集まるようになり、Iさんの親戚の店はいつの間にかドッグカフェになっていました。

Iさんはたいてい、カフェの窓際席で仲間たちと犬談義をしながら次のお客さんを待っているのですが、この日のようにわざわざ外で待っていることもあります。Iさんは明るくて面倒見がよく、技術も確かな素敵な人でしたが、そういう人にありがちな、せっかちなところがありました。案の定その日も、私を見つけるとすっ飛んできました。

「あー、理子さん！　やっと来てくれた！」

そう言われても、予約の時間までまだ15分もあります。私が時計に目をやると、わかっているという顔で頷きました。Iさんがこんな顔をするのは、決まってアニマルコミュニケーションのお客さんを紹介してくれるときです。

「今度は、Gさんという人。重症なの！」

Iさんは私の背中に手を添え歩いていましたが、「重症」のところで、背中をドンと叩《たた》くのでした。私もすっかり慣れっこなので、どうってことないという顔で、柔道の受け身みたいにするのです。

Iさんはちょっとオーバーなところがあるから……。そう思う私の気持ちが顔に出たのでしょう。美容院について着席した私にケープをかけながら、Iさんは言いました。

「本当に重症？　って思っているのでしょう。でも、今までの中で一番重症。みんなも心配しているくらいだから」

みんなというのは、美容室のお客さんで、散歩をするときに必ず店の前を通る常連の人たちのことです。Iさんの親戚のカフェに愛犬を連れて集まり、お誕生日会などいろいろなイベントをしています。

Iさんが話し始めたのは、2カ月ほど前の出来事です。


Gさんの愛犬、アメリカンコッカースパニエルのソフィーはおおらかで愛情深くて優しく、犬の鑑《かがみ》のような子だったそうです。8歳になったころ心臓に雑音が出始めたのですが、まだ薬を飲むほどではないと医師から言われていました。2カ月前に行われた会にもGさんと一緒に参加する予定だったのですが、会の5日前、ソフィーは急に旅立ってしまったのです。まだ9歳でした。

それまでGさんのフェイスブックは、すべて散歩好きなソフィーの投稿でした。多いときで日に3回、散歩の様子が更新されるのです。それが、ソフィーが旅立った日は首輪とリードの画像になっていて、そこから更新されなくなりました。当然、会にもGさんは来ないだろうと誰もが思っていました。

ところがGさんは、いつもと変わらない様子でやってきたのです。

「それはきっと、あまりにつらいからそうじゃないように振る舞っていたのじゃないですか？」

と言うと、カットしていたIさんの手が止まりました。

「そうねー。Gさんは元教師だから、人前で崩れられないのは確かかも。でもふつうは、涙ぐむとか、ソフィーの話をすると嫌がるとかあるでしょう……。Gさんたら、ソフィーの話をしても、ずっと昔のことみたいにニコニコして聞いているの。亡くなってまだ5日目よ！」

「本当に大事にしていたのですか？」

「ええそりゃもう、すごーく大事にしていましたよ。毎日ソフィーの散歩で店の前を通っていました。散歩が大好きな犬だったから、雨でも風でも嵐《あらし》でも！　1年365日、日に2回以上は、2人で散歩していたと思います。私なんかはよくGさんの腰の万歩計を指さして、『地球を何周もしたんじゃない』ってからかったくらい……。それで余計、みんな心配しているの」

帰り際、「これからGさんに、理子さんのセッションを受けるよう勧めてみる」と言いながら、Iさんはすっと携帯の画面を出して「これがソフィー」と写真を見せてくれました。

クリーム色の、とても愛らしいアメリカンコッカースパニエルが写っていました。思わず見入っていると、画面の中のソフィーから気持ちが伝わってきたのです。

「お母さんに伝えてほしい。フィフィは、そばにいるから。いつも一緒だよって」彼女の声に応じようとしたら、私の口から勝手に言葉が漏れてきました。

『今日は暖かいから、こっちのルートを通って行こうね……帰りは、あの店でお茶をしたら、いつものオヤツをあげる……』私を通して話しているのは、Gさんだとわかりました。しかし彼女は、足元で自分を見上げるソフィーには目もくれず、〝架空のソフィー〟に向かって話しているようなのです。

私はここに来てようやく、Iさんたちの心配がわかってきました。

「……Gさんは今も、1人でお散歩を続けているようですね」

Iさんは目を大きく見開くと、ご名答というように手を打ちました。「やっぱり！」他に誰もいないのに、顔を寄せヒソヒソ声になります。「Gさんを見た人が何人もいるの。1人でブツブツ言って、散歩コースを回っているって……。でも本人に聞くといつも通りニコニコして、『それ、本当に私かしら』って言うのです。こんなことを言ってはなんだけど、Gさんの家族は施設にいる母親だけだし、趣味の話は聞いたことがないし、友達が多そうなタイプでもない……だから私たち、心配でたまらないの」

セッションの当日、私は待ち合わせ場所であるIさんの親戚のカフェへ早めに行きましたが、Gさんはもう席に着いていていました。

60代後半とは思えない綺麗《きれい》な肌の女性でしたが、面長だからか、能面のように見えなくもありません。麻のスカートに綿の白いブラウスという服装で、すべてクリーニングからおろしたてみたいに皺《しわ》がありません。まだ暑いのに、首回りのボタンはキチンと上まで留められています。そして手は、正しい置き方の見本のように膝の上に乗せられていました。そのすべてに、元教師という職業や、Gさんの人となりが出ているようでした。

私はそんなGさんを少し離れたところから見ながら、小太郎が旅立って1年目の命日を思い出していました。

あの日も、暑い日でした。私たち夫婦は休みを取り、格式高いレストランに向かっていました。お互い口には出しませんでしたが、小太郎が亡くなった日に仕事をする気になれなかったのです。まだそんなふうでしたから、家にいるのもいたたまれなくて、日常とかけ離れた店を予約したのでした。

店に入ってエスコートされ、席に着いた瞬間のことです。それまで流れていたクラシックのBGMが突然止まり、ケニー・Gの曲が流れてきました。美しいサックスの音色がつらい闘病生活を和らげてくれそうで、小太郎の闘病中、ずっと流していた曲です。小太郎がいなくなってからは、つらくて、一度も聞いたことはありません。その曲が着席と同時に流れてきたもので、私の目からまたボロボロ涙が溢れました。

その日は、朝から不思議なことばかりでした。生前小太郎のことを可愛がってくれていたおばあさんに、1年ぶりにバッタリ会って小太郎のことを聞かれたり、小太郎あてにペットフードのサンプルが届いたり……そして、とどめのようなタイミングでケニー・Gの曲です。

私はまた喪失感と悲しみでいっぱいになってしまいましたが、そのときふと、1年前もこうして、ただただ泣いていたことを思い出したのです。1年経った今も、私は変わらず、こうして泣いている。今までは泣きながら追憶に浸るとき、生きている小太郎が記憶の中にいました。でも明日からは、泣いている私の記憶が増えていくばかりです。

私はいったいいつまで、こうして悲しみ、泣き続けるのだろう……。

今思えば、必死にしがみついていた「事実拒否」の時期に風穴が開き、前を向き始めることができたのは、あの瞬間からでした。


セッションを行うときは、あらかじめ飼い主さんに質問を送っていただき、対面もしくは電話で結果をお伝えしています。私はGさんに挨拶《あいさつ》をした後、「早速ですが……」と、預かった質問を読み上げ、確認していきました。読みながら、心の中で祈っていました。（Gさんもあのときの私のように、心に風穴を開けてほしい。今日が、その次の段階に進むきっかけになりますように）と。

そのためには、まずは悲しみを自覚する必要があるのです。でもどういうわけか、Gさんはすでに終わったことのようにしてしまっていると感じました。

Gさんのそんな心模様は、質問にも反映されていました。

「天国でどんな子（お散歩仲間の犬）に会ったか？」、「今、なにをして遊んでいるのか？」

今も心の中で愛犬に話しかけ、日々散歩コースを歩き続けている人がする質問としては、違和感があるのです。

「いただいた質問を確認すると、もうソフィーは天国にいることになっていますが……彼女と話したところ、どうもまだ（天国へ）行っていないと感じます」と、私は話を切り出してみました。

「あら、そうなんですか」Gさんは驚いたような声を出しましたが、なぜか驚いているという感情が、伝わってきません。

「彼女、自分のことをフィフィというふうに言っていましたよ」

「そんなこともわかるんですか」

否定も肯定もせず、他人事《ひとごと》みたいです。

ショックで心を閉ざさないよう、やんわり進めていこうと思っていたのですが、核心をついた方が良さそうです。

「単刀直入にお話しします。Gさんは、今もお散歩コースを回っているのですね。そこに、ソフィーも付き添って歩いています」

初めてGさんに変化がありました。口元に手を添え、視線が泳いでいます。

「ですから、天国へはまだ行けていません。Gさんの思いに応《こた》えて、そばにいるのです」

ソフィーは尾を振るとき、その人懐《ひとなつ》っこさから下半身全体をくねらすようにして揺らす。怒ったことなどなく、彼女の瞳を見るだけでこちらも笑顔になれる。散歩が大好きで、長い耳をひらひらさせながら歩き、時々、楽しいねという顔で見上げてくる――私は、リーディングで感じたソフィーの特徴を話しました。

Gさんの薄い色の瞳には、しっかり私の顔が映っていて、涙が滲むのも見て取れました。ソフィーを感じることができたという喜びが、ありました。

私はさらに伝えたくて、身振り手振りを交えソフィーのことを話し続けました。今も一緒にいること、いつも一緒だと言っていること、それを伝えてきたときの彼女の愛らしさ……。

でも、私の奮戦は、10分くらいで、突然打ち切られてしまったのです。

Gさんの瞳から涙がすっと引いたと思うや、彼女は珈琲《コーヒー》を一口飲みました。顔を上げたときには、再び、感情が伝わってこない笑顔に戻っていました。

「ソフィーが困るなら、これからは話しかけない、思い出さないようにすればいいですかね」

突然予想できない返事をされると、人は反応するまでに時間がかかるものです。

「えっ？」と、私がようやく返したとき、Gさんは既に立ち上がっていました。

「今日はありがとうございました。ソフィーのことが聞けて良かったです」

この後が話の本筋なのに！　肉体のないソフィーの意識が、この3次元の世界にとどまることの大変さを伝え、これからどうしてあげればいいかを考えないと、と伝えたかったのに……。

焦って頭の中が真っ白になったままなにも言えず、レジへ向かうGさんを目で追うと、唖然《あぜん》という表情の女性と目が合いました。以前Iさんの紹介でセッションをしたMさんでした。彼女はそれを機にペットロスを脱した方で、彼女もGさんを心配し、私とのセッションを気にしていたようです。

事の顚末《てんまつ》は、Mさんから I さんの犬仲間全員へと伝わりました。Gさんがソフィーを思い出さないようにするなんて無理だろうに、というのはみんなの一致する意見でしたが、なぜGさんがこんなに頑《かたく》ななのかは、意見が分かれました。

他人に弱味を見せられないのでは、悲しむことができないようなトラウマがあるのかも……など、いろいろな意見が飛び交いましたが、結局のところ、Gさんが心を開いてくれなければ、推測の域を出ません。

次に I さんの美容室へ行ったときにはソフィーの話はおさまっていましたが、I さんは、私の肩にそっと手を置き、「ソフィーのこと、ありがとう。あんなふうになってすみません」と、労《いたわ》ってくれました。I さんは、遠くを見つめるような目をして言いました。

「ソフィーは、生前心臓が悪かったでしょう。なのに今も散歩に付き合って歩いていると思うと、休ませてあげたいって……。私、時たま苦しくなっちゃって」

その日を境にソフィーの話をすることはありませんでしたが、I さんの店へ行くたびGさんの近況は教えてくれました。Gさんは変わらず、1人で散歩コースを回っているそうでした。

翌年の春、Iさんの美容室から外へ出たときのことです。

もう日はとっぷり暮れていて、歩き出すと霧雨が肩に当たりました。30メートルほど行って左折すれば、駅前の大通りに出ます。そこからはアーケードなので濡れません。

首に巻いたスカーフを頭に被《かぶ》って歩いていると、脇を犬連れの人が追い越して行きました。見るともなく目をやると、茶色い垂れ耳の、中型ミックス犬でした。赤いレインコートを着て、長い耳がひらひら揺れていました。

今考えれば、少しもソフィーに似ていないのですが、そのとき私は、ソフィーにそっくりと感じたのです。

ドキッとしながら、心の中で（ソフィー）と呼びかけると、犬が振り返り私の顔を見上げてきました。その顔は、紛れもなく写真で見たソフィーでした。

（ずっとお礼が言いたかったけれど、チャンスがなかった。あのときは、私の気持ちを伝えてくれてありがとう）

眉間《みけん》は開き、口角がきゅっと上がった笑顔のソフィーは、旅立ちから年月を経て光の粒状の姿になっていました。よく見ると、少し息も荒く、苦しそうです。

（なにも変えてあげられなくてごめんね）と言うと、ソフィーはまた振り返り、尾を振ってくれましたが、すぐに飼い主を見上げ、歩調を合わせます。

遠ざかるソフィーは、いつの間にか元の中型犬の姿に戻っていました。連れだって歩く飼い主にGさんが重なるようで、私は角を曲がるまで見送っていました。

ソフィーは私に自分の気持ちを伝えるため、他の犬に降りてきて、こうしてメッセージをくれたのでした。その健気《けなげ》な様子は、以前リーディングしたときとまったく変わっていません。

いまだにソフィーを天国へ送らず連れ回しているGさんに、聞きたいことや言いたいことはたくさんありましたが、その一方で、不思議と「これでいいのだ」という気持ちになっていたのです。

そんな気持ちの意味を知ったのは、さらに1年ほど経った寒い冬の日でした。その日、Iさんは大通りまで出ていて、私を見るとすっ飛んできました。

「ああ、理子さん。待っていたの」

今日はいつもと様子が違うと思っていたら、Iさんはみるみる涙声になりました。

「Gさんがね……、一昨日亡くなったんです。朝、散歩中に倒れて運ばれたけれど、意識が戻らなくて。ソフィーと同じで、心臓（が悪かったの）ですって」

言い終わると、どちらからともなく背中をポンポンと叩き合い、無言で美容院まで歩きました。店に入ると、涙が溢れてきました。

いつもは大人しく寝ている看板犬のマールが、心配して駆け寄ってきます。犬の健気さを感じるとソフィーのことが思い出されて、私たちは声を上げ泣きました。

しばらくしてIさんが、「ソフィーは本当によく頑張ったし、Gさんの行く道はこれしかなかった。理子さんも、これで良かったと思うでしょう？」

イエスという代わりに、私はIさんの背中をドンと叩いて応じました。初めて背中を叩き返したと冗談を言いたかったけれど、泣きすぎて言葉が出てきません。でも私たちの頬を伝う涙は、悲しみの冷たい涙ではなく、身体の深いところから湧いてくる温かい涙でした。

ソフィーは最初から、Gさんにあまり時間が残されていないことを感じ取って付き添い、Gさんもソフィーの元へ行くと決めていたのでしょう。

愛にはいろいろな形があり、他人が介入できないことがある。そのことを、Gさんとソフィーは見せてくれたのです。

私たちがそのとき感じていたのは、3年も続いたGさんとソフィーの密《ひそ》かな軌跡を、こうして最後まで見届けられたという、静かな喜びでした。

体験談❷ M・Fさん ─ にゃーこさん（MIX猫 ♀）─

健康になんの不安もなかったはずの愛猫が、ある日突然私たちの外出中に亡くなってしまい、いったいなにがあったのか気持ちの整理もつかず、どうしても彼女の声が聴きたくてアニマルコミュニケーションのセッションを受けました。

なぜ？　という疑問や、最期を看取ってあげられなかった後悔、異変に気づいてあげられなかった自責の念ばかりが募っていましたが、あの日苦しまずに逝けたこと、また私とは前世からの深い深い絆《きずな》があったことを彼女の口から聴くことができ、本当に救われました。「もっと一緒にいたかった……」その言葉は今思い返しても涙が出てきますが、今世で、もしかしたら「私が人生最後に共に暮らす猫」としてまた転生してきてくれるかもしれないことや、来世でも巡り会える運命にあると教えてもらったことで、死が単なる別れと終わりではないと知り、ペットロスの深い悲しみや寂しさから抜け出すことができたように思います。

どうぶつたちがこんなにも豊かな感情を持ち、私たち人間が注ぐ以上の愛で日々寄り添

ってくれているということは、アニマルコミュニケーションだからこそ知り得た不思議だと思います。これからも彼らと同じ時を過ごせる奇跡に感謝して、互いに持ちつ持たれつを楽しみながら過ごせたら、こんな幸せなことはないと思っています。

パーソナルで、ペットの気持ちを聞くことができるアニマルコミュニケーション。いろいろなシーンで役立つことが可能ですが、「別れ」、それも心の準備ができていない状態の突然の別れには、抜群の効果を感じられるツールといえるでしょう。

ぜひ、多くの方に活用していただき、心の空白や悲しみを埋めていただきたいです。

2章

特別な力ではない
アニマルコミュニケーション

アンジェラのオーラが変わるとき

アニマルコミュニケーターがテレビやネットで取り上げられるようになってから、こんな質問が増えてきました。

「前田家は、いわゆる霊感みたいなものがある家系なの？」

つまり、アニマルコミュニケーションができるのは遺伝的な資質で、子供のころからなにか人ならざるものの声が聞こえたり、ふつうは視えないものが視えたりしたのか、ということです。

そこで、「子供のころ、なにか特別なものを視たり、聞いたりしたことはないけれど、ずっとどうぶつが好きで、アニマルコミュニケーターになりたかった。だから、アニマルコミュニケーションの学校に通って……」と答えると、多くの人は驚いた顔で声を上げます。

「えー、嘘！　勉強したら、どうぶつと話せるようになるの？」

どうぶつと話をするなんて、生まれつきの特殊な能力（霊感）がないとできない、自分にそんな力はないと、多くの人は信じ込んでいるのです。

「外国語と同じように繰り返し練習していけば、誰でもできるようになりますよ」そう言うと、疑り深そうな目を向けられます。

実は私も、学校へ行く前はそんな目をしていました。「霊感がないとできない」と思い込んでいたのです。では、「霊感とはなに？」と聞かれても、明確には答えられないのですが、テレビや巷《ちまた》で聞いた情報で、いつの間にか、「私にはない特殊な能力」と決めつけてしまっていたのです。

私が通っていたのは現役の獣医師が開校したスクールで、毎年、多くの卒業生を出していました。診察のない日曜日に授業があり、基礎と応用クラスに分かれています。最長で、2年通うことができました。その間さまざまなカリキュラムを通して、私たちは、「自分にはできない」と決めつけている思い込みを、少しずつ外していくのです。

どうぶつのモデルに来てもらってオーラを描き、悩みの解決まで進む授業は、応用クラスの終盤にありました。どうぶつたちと直接話をする前に、彼らのオーラから気持ちを読み取っていきます。そのことで、彼らと繋《つな》がる感覚に慣れ、ずっと使ってこなかった回路が開かれていくのでした。

この時期になると、入学時より生徒数は減っています。残っているのは、一般の愛犬(猫)家、獣医、トリマー、動物看護師と職業や関わり方はさまざまですが、共通しているのは、どうしてもアニマルコミュニケーターになりたいという熱意を持っている点でした。

応用クラスでオーラを描く実習をした、ある日の出来事です。

私たちは広いホールで、オーラのモデル犬を待っていました。中央に先生、飼い主さんとモデル犬のスペースがあり、生徒は扇形に並べられた椅子《いす》に座っていました。私たち生徒はみな、ワクワクしていたのを覚えています。入校当時、どうぶつと話す能力などないと思っていた自分が、とうとうここまで来た。そんな喜びで胸を躍らせていたのです。

モデル犬と飼い主さんが入ってくると、私たちはオーラを描くべく色鉛筆を手に取りました。首を伸ばして、思い思いに犬を見つめます。事前に先入観を持たないよう、私たちはどんな犬が来るか聞かされていなかったのです。

モデル犬はラブラドールレトリバーで、飼い主のA氏は普段からアニマルコミュニケーションを活用している、40代の男性でした。ラブラドールは推定3～4歳の女の子。ビロードのように艶《つや》のある毛並みをした美しい犬で、名前はアンジェラと紹介されました。

私たちの視線を浴びたアンジェラは、一瞬首をすくめるような仕草をしましたが、A氏の顔を見上げ、大丈夫とわかると大人しく誘導されました。A氏が座ると、自分は足元に丸まって身を伏せます。素直で優しい性格が仕草や表情に出ていて、ホール内は和やかな空気に包まれたものです。

ここで、「オーラを描く」ことについて少しご説明します。「オーラを描く」というと、オーラの色が見えている、つまり視覚化されればっきり見えていると思われる方も多いと思いますが、そうとも言えません。また、そうでなくともオーラは描けるのです。

オーラの基本色は、チャクラと呼ばれる身体の7カ所の部位に対応すると言われています。身体の下の方から赤・オレンジ・黄・緑・青・藍《あい》・紫（白、ゴールドで表すことも）の色です。

私たち生徒は最初、その各色を自分の中に取り入れることから始めます。目を瞑《つむ》っても すぐ色が浮かんでくるよう、各色別に練習するのです。それができるようになると、次に進みます。

学校からは、オーラ各色の特徴や意味が書かれた資料と、オーラ対応図を渡されています。赤を例にとると、意味は、「情熱」や「強い意志」、「エネルギッシュ」などです。この赤の色味が綺麗でクリアに感じるときは、そのままの意味となります。同じ赤でも、濁っていたり暗いと感じれば「怒り」、「短気」、「高慢」など、その色が持つ負の意味ととります。色から当てはまる言葉を選んだら、オーラ対応図の出番です。対応図では、飼い主への思いなら身体のこの場所、仲間への思いならここ、というように、知りたいことに対応する身体の部位が示されています。

初めのうちは、「私にオーラなんか見えない。描けない」と思っていても、繰り返し練習しているうちに、知りたいことに対応する身体の部位を見れば、自然に合う色と意味が浮かぶようになるのです。

その日は、アンジェラの元飼い主への気持ちを示す、オーラの色と感情を選ぶことから始まりました。

A氏が会釈してアンジェラを迎えた経緯を話し出すと、先ほどまでの和やかな空気は一変しました。

アンジェラは、A氏の先住犬が散歩に行く公園で、大きな樹に繋がれていたというのです。その公園は都内の一等地にあり、散歩の時間になると大型犬で溢れます。アンジェラは、そんな散歩の犬たちに尾を振りながら、騒ぎもせずに、繋がれていたのです。

飼い主がトイレでも行くのに、ちょっと繋いでいったか……その日は、そう思ったのですが、翌朝になってもアンジェラはその樹に繋がれたままでした。A氏と散歩仲間の数人が近寄っていくと、懸命に尾を振り、飛びついてきました。水を出すと、夢中で飲んだのです。その様子から、昨日見かけた状態のままなのは明らかでした。これ以上放置するわけにはいかないので、A氏が一時保護したのです。それ以来八方手を尽くして飼い主を探しましたが、名乗り出てくる人はおろか、問い合わせもないまま、2年が経ちました。

「最初は避けていたのですが、最近、置き去りにされた公園に散歩に行くようになりました。その公園は、あのことがなければ素晴らしい散歩コースなので、ずっと行かないのも不自然だなと思うようになったからです。でも、公園に行くとアンジェラは、自分が繋がれていた樹の方をじっと見て、しばらく動かないことがあるのです。そういうとき、自分を捨てた元飼い主を待っているのかなと……。でも実際、アンジェラがどう思っていて、そんなとき、僕はなんて言ってあげればいいのか……今日は、みなさんに教えていただきたいと思って来ました」

A氏の話が終わっても、生徒たちは押し黙ったままでした。ここにいる生徒はみな、とりわけどうぶつ好きな人たちでしたから、アンジェラを捨てた飼い主に怒りが湧いていました。その気持ちを抑えるので、精いっぱいだったのです。

やがて誰かが、その気持ちを口にしました。「アンジェラには、そんな酷《ひど》い人間（元飼い主）のことなんか、もう忘れた方がいいと言ってあげたいです」それが口火となって、あちこちで声が上がりました。アンジェラのような犬なら、里親探しをすればすぐ新しい飼い主が見つかるだろうに、なんて酷いことをするのだろう。虐待目的の人間に連れていかれるとか、今の世の中、なにがあるかわからない。それなのに、樹に繋いで置き去りにするなんて！

私たちの様子を見かねた講師の1人が、大きな声で言いました。「みなさん！　自分の感情ではなくて、アンジェラを見てくださーい。オーラは怒った色ですか？」

その呼びかけで、みなハッと我に返りました。シーンとなったホールの中央で、アンジェラは床に伏せていました。

私は、アンジェラの全身がよく見える席に座っていました。元飼い主を表す身体の部位は、濁った紫とピンクの中間色で、当てはまる感情は、「愛情を求めている」と「淋《さび》しさ」。隣の生徒と目が合うと、彼女も同じような感情を拾っています。答え合わせをしながら、私たちは、前にも同じようなケースがあったことを思い出していました。

初めての屋外授業で、どうぶつ園に行ったときのことです。すごく珍しいキリン科のどうぶつのオーラを描く授業でした。本来なら、アフリカの広い平原で暮らしているはずが、このどうぶつ園にやってきて、狭い園舎で過ごしている。そのことを、どう思っているのか？　という課題でした。

ところが私たち生徒は、大きなどうぶつをこんな狭いところに閉じ込めて可哀想《かわいそう》という思いで、いっぱいになってしまったのです。

先生は厳しい顔になって、「本当にアニマルコミュニケーターになりたいなら、自分の感情をどうぶつに重ねてはいけない。どんな状況のどうぶつにも、公平で中立な心を保つ。そのことに、集中しなさい」と、言いました。

そんな中1人の生徒が声を上げました。「オーラは落ち着いた緑と感じます。この子、ここに来てホッとしているんじゃないかな。もう敵に襲われないから……」

先生もホッとしたような顔になりました。

「その通り。この子は、母親と一緒にいるとき、ライオンに襲われ母親は命を落としている。だからこの子は、生涯の安全が保障されたどうぶつ園に来て、心底ホッとしているんだ。おまけに珍しい色や柄を誉《ほ》められて、それも嬉しく得意にさえ思っているのだよ」

「先生の言うことはいつもシンプルで、一貫しているね」と私が言うと、隣の生徒は頷き、小声で相槌《あいづち》を打ちました。「そう、いつもこの二つ。『どうぶつに自分の負の感情を重ねないこと、自分はできないという思い込みを取り払うこと。それさえできれば、誰でもどうぶつの気持ちを感じ取れる！』ってね」

私たちがそんなことを話すうちに、そろそろ時間切れのようでした。

本来なら、オーラの色から感情を読み取った後にその感情を解放してあげる言葉がけをします。この言葉を、私たちは「言霊《ことだま》」と呼んでいます。魂に響き、負の感情を手放し癒《いや》す特別な言葉です。こう書くと、どうぶつに私たち人間の言葉がわかるわけがないと思う方もいらっしゃるでしょう。その通り、人間とどうぶつは共通の言語を持っていません。なので私たちは、発する言葉に伝えたい思念を込めて、どうぶつたちに送るのです。それも練習を積んでいく中でできるようになっていくのですが、一番大切なのは、私たち人間が心をオープンにすることです。たいていの人は、どうぶつにわかるわけがないと思いながら話しかけています。それでは、ドアに鍵をかけたまま、外に出たいと言うのと同じなのです。

肝心の言霊が出てこないので、それまで黙っていた先生が口を開きました。「どうした、みんな。遠慮しないで言わないと。今、自分の意見を言えないのに、プロになって1対1のセッションができると思うかい？」

先生の呼びかけに応えて、1人の生徒が手を上げました。

「アンジェラは可愛くて素直で穏やかで、素晴らしい犬だね。みんな、いっぺんでファンになったよ。アンジェラのような素晴らしい犬を捨てた、前の飼い主さん、すごく悪いことしたなって……今ごろ反省しているよ」

今までずっと床に伏せていたアンジェラが、このとき、初めて顔を上げました。ホールにどよめきが走りましたが、それも一瞬のことでした。アンジェラは、私たちになにか訴えるような顔をした後、起き上がって全身をぶるぶるさせました。そしてくるくる回り、A氏の足元に丸まってしまったのです。しかも今度は、私たちに背中を向けていました。

先生は私たちに終了という感じで片手を上げると、A氏に身体を向けました。

「大事な家族になってからのアンジェラは、どんな犬ですか?」

「はい、すごく優しくて、穏やかで、賢い犬です。先住犬ブルーノのこともいつも立てていますし、散歩に行っても小さな犬から大きな犬まで、仲良くしています。……ああそれに……僕はとても器量が良いと思っています」

「あなたはアンジェラのことを愛していますか?」

「ええ、ええ、もちろんです」

ここで先生は、A氏の方へ身を乗り出しました。

「ではAさん、アンジェラにこう言ってあげてください。アンジェラは優しくて賢くて美しい犬だよ。それは前の飼い主さんもよーくわかっている。でもあのとき、やむにやまれない事情があったんだよ。今だって、おまえのことを忘れてなどいないし、ずっと愛している。でも、パパもママも、その人に負けないくらいアンジェラを愛しているよ」

ホール内は、水を打ったように静かになりました。その静けさは、いくら先生の言うことでも、私たち生徒にはその内容を到底受け入れられない、理解できないという気持ちからくる静けさでした。

先生が込めた言霊は、どうぶつはどんな場合も、決して相手を裁かないという思いからきていると、今の私ならわかります。アンジェラは、自分を樹に括《くく》りつけ捨てた元飼い主を怒っても、恨んでもいませんでした。アンジェラ自身が怒っていないのだから、当事者でない私たちが、怒る必要などないのです。そして、人もどうぶつも、必要とされない、愛されない存在と感じることくらい、悲しいことはありません。前の飼い主が自分のことを今でも愛していると信じるのと、自分を物のように捨てた酷い奴《やつ》だから忘れろというのでは、どちらの言葉に癒され、誇りを持って生きていけるでしょうか……。自分の身に置き換えてみたら、わかることです。

でもその当時、そういう視点を理解できた人は誰もいませんでした。

当のA氏でさえ、困ったような顔になっていたものですが、先生にうながされ、ようやく口を開きました。ところが、話し出すとすぐ変化が表れました。みるみるA氏自身の表情が柔らかくなったのです。

先生は、もう一度言うようにうながしました。今度は、ホール全体に響くほどしっかりした声になっていて、誰に言われるまでもなく、アンジェラの顔をのぞきこみながら話しています。

すると瞬時に、アンジェラのオーラの色が変わったのです。濁った紫やピンクの中間色が、濃くて色鮮やかなピンクになりました。オーラの色の変化は、アンジェラの態度にも直結していました。起き上がって真っすぐA氏を見つめ、尾を振り始めたのです。

ホールの床には、打ち付けられる尾の音だけが響いていました。

その変化があまりに劇的だったので、生徒の中には泣き出す人さえいたほどです。みなアンジェラの優しい心根に胸を打たれ、いつの日か、自分もこのようなセッションができるアニマルコミュニケーターになりたいと、胸に誓っていたのです。

A氏は、泣くのを堪《こら》えるような顔をしてアンジェラを撫《な》でていました。

先生はそんなA氏と私たちの様子をしばらく見つめていましたが、満足そうにくるっと椅子を回し、最後に飛び切り心を込めて言霊をかけるよう、A氏をうながしました。

A氏は椅子から立ち上がると、アンジェラの前に膝をついて見つめ、一言一言、噛みしめるように話し始めました。

ホールはまた水を打ったような静けさになりましたが、今までの静けさと、意味は異なっていました。私たちはこのとき、アニマルコミュニケーターとして一番大切な瞬間に立ち合っている——そんな認識を共有していたのです。

話し終わったA氏とアンジェラは、私たちの認識が合っていることを示してくれました。

A氏が両手を広げると、アンジェラは迷うことなく胸に飛び込んでいきました。A氏ももう、みんなの前だからと遠慮することはありませんでした。

アンジェラを全身で受け止めると、ギュッと強く抱きしめたのです。

体験談❸ 矢島美花さん ―チップスター君(フレンチブルドッグ ♂)―

私はキキのテーブルさんと出会うまでは、ペット産業の中でも、アニマルコミュニケーションはとても「胡散臭《うさんくさ》いもの」と思っていました。

失礼な言い方をお許しいただければ、スピリチュアルなものや霊能力、超能力などと同じだと疑っていたのです。

そんな考えの中、初めて受けたアニマルコミュニケーションはそれはもう青天の霹靂《へきれき》でした！

愛犬「チップスター」のリーディングをお願いしたのですが、確かに彼は自分の言葉で、自分の思いの丈《たけ》を話していたのです。

当時、私は彼を含めて3頭の犬と暮らしていましたが、彼らの関係性や性格、立ち位置や言っていることなどいちいち正しくて、チップスターの目を通しているのがわかり、驚くことばかりでした。そもそもキキのテーブルさんには他の2頭の性格などはなにも話していないのに！

そして、なによりもゾッと鳥肌が立ったのはチップスターの元の家族のことを言われたときです。

チップスターは一般家庭から飼育放棄をされた保護犬ですが、どんな家庭で暮らし放棄に至ったかは、ほとんど誰にも話していませんでした。それなのに、その家族のことが、チップスターの当時の寂しさと悲しみの波長を通じて見えてきたと仰《おっしゃ》ったのです!!

チップスターがお話をしたんだと確信した瞬間でした。

このことから本当に反省しました。今まで、犬が話せるなんてまったく思っていなかったことを。

どうぶつが人間と同じように豊かな心や鮮やかな感情を持っているなんて信じていなかったことを。

そんなことはないのだと、どの子たちも飼い主に語りかけ、お話をしたいことがたくさんあるのだと、アニマルコミュニケーションを通じて気づくことができました。

経験せずして否定してはいけないのだと実感できた貴重な体験でした。

今は、愛犬からのフィードバックと称して、心を通わせる、お互いを理解し合う、愚痴を聞く……そういうコミュニケーションツールとして、アニマルコミュニケーションを積極的に利用しています。

アニマルコミュニケーションの普及を目的にＤｏｇカフェなどで定期的にミニセッションを開催しています。チップスター君は、そんなカフェの看板犬としてお客様を癒すだけでなく、彼のセッション結果を知った犬仲間を、たくさん呼び寄せてくれています。いつも、ありがとう！　と、言えて嬉しいです。

桜のころに現れる犬

どうぶつたちの心の声を聞くのは、スピリチュアル好きな人たちだけのお楽しみ……。そんなふうに思っている方は、まだまだ多いと思います。

実は、そうでないとしたら……？　あなたがよく行く公園で見かける人と犬に、家に帰る道ですれ違う猫とご飯をあげる誰かに、連れ立って散歩する老人とその愛犬の間にも、小さな奇跡は起こっているのです。

そのことを知ったきっかけは、もうずいぶん前のことです。14、15年前、桜が満開の時期でした。私はその当時、ペットシッターをしていました。

ある日、お客さんの猫の世話をした帰りのことです。訪問していた家がある私鉄駅近くに、桜がとても綺麗《きれい》な公園があることを思い出したのです。

駅前の坂道を上り切ると、その公園が見えてきました。敷地沿いに桜の大木が5本あり、

たわわに実った果物みたいな見事な花が咲いていました。

犬を見たのは、公園に足を踏み入れてすぐでした。

黒い中型のミックス犬が、一番大きな桜の根元に座っていたのです。柴犬くらいの大きさで、垂れ耳の穏やかそうな犬でした。目の上、鼻の横や両手足に茶色い模様が混じっています。

その犬は私に横顔を見せ、熱心に住宅街の方を見つめていました。その姿勢は、飼い主を待つ犬特有の、他のものは一切眼中にございませんという感じです。でも、周りには誰もいません。リードもついていません。迷子犬かもしれないと思いながら、私はハンドバッグを開けました。キャットフードを持っていたので、それで犬を呼び寄せようと思ったのです。

ところが、キャットフードを取り出して顔を上げると、犬の姿は消えていました。柴犬くらいの大きさでしたから、瞬時にいなくなるのは不自然なのです。

狐《きつね》につままれたような気持ちになって、私はしばらく桜の樹の下に立っていました。

帰り道、念のため届けておこうと交番に立ち寄ったのですが、一瞬横顔を見ただけの黒い犬の特徴が、スラスラと出てくることが不思議でした。

今思えば、肉体の目で見ていたのではなかったからなのでしょう。


それから6、7年経った、同じ時期のことです。私はもうペットシッターを辞めていたのですが、なにかの用事で公園のそばに来ていました。

黒い犬のことはすっかり忘れていましたが、公園のベンチに座って満開の桜を見上げたとき、ふと思い出したのです。

交番に届けはしたものの、結局なんの連絡もなかったのは、もしかしたらこの近所の犬が、たまたま家から出てしまっただけなのかもしれない……。そんなことを考えながら、私はベンチから身を起こし、犬がいた桜の樹に目をやりました。

すると驚くことに、またあの犬が座っていたのです。前のときよりリラックスした座り方で、淡いシルエット状になっています。薄いレースのカーテン越しに見ている感じと言えば、わかりやすいでしょうか。

驚きのあまり息をするのも忘れて、私は犬を見つめていました。ひらひら散る花びらが、半透明の犬の身体を通過していきます。私が瞬《まばた》きする間に、その半透明の身体は消えていました。

そのころアニマルコミュニケーションの勉強を始めていたので、エネルギーの世界のことを少しは知っていました。だから、今自分がこうして視た（感じ取った）犬は、実際の犬ではないと、すぐにわかりました。ただ、当時の私は、この犬のように善なものと、悪いものの区別ができなかったのです。

私は焦りと恐れでいっぱいになってしまい、心臓が口から飛び出しそうなほどでした。

胸に手をあて、しばらくの間呼吸を整えていましたが、ドキドキがおさまってくると、アニマルコミュニケーションを学ぶ者としては、このまま帰るわけにはいかないという気持ちになってきたのです。

なにも悪いことはしていないのに抜き足差し足で、さっきまで犬が座っていた桜の樹の根元まで行きました。そして、心の中で話しかけました。

（怪しい者ではありません。あなたが、なぜずっとここにいるのか、教えてほしい）

今思えば笑ってしまうほど拙《つたな》いコンタクトの仕方ですが、私は必死でした。その必死さが通じたのか、すぐに映像が視えてきたのです。

いきなり、眼鏡《めがね》をかけた初老の男の人が出てきました。中肉中背、温和な感じの人で、不思議と怖さは感じません。手に赤いリードを束ねて持っています。あの犬のリードだと思った瞬間、黒い犬が走ってきました。リードを着けてもらうと、男性の周りを嬉しそうに跳ね回っています。その様子から、すごく可愛がられているのが伝わってきました。

リードを着け終わると、眼鏡の人がこちらを向いたのです。その瞬間、なにか頼み事があるのだと感じました。

私は急に、「しまった！」と思いました。学校で最初に教えてもらう、心構えのことを思い出したからです。「頼まれてもいないのに、どうぶつとコンタクトしてはいけない」「叶えてあげられない質問はしてはいけない」……他にもたくさんあるのですが、いずれも弱い立場のどうぶつを守るために必要なことばかりでした。そしてそのとき私は、飼い主らしき眼鏡の人になにか頼まれても、応える術《すべ》がないのでした。そもそも、どこの誰かも知らないのですから。

眼鏡の人に謝ると、パソコンを強制終了するみたいに繋がりを切り、私は急いで公園を後にしました。

そんな出来事も過去の思い出というほど時間が経った、昨年の夏のことです。私は、ある日、私鉄駅のそばにオープンしたパン屋さんに立ち寄っていました。

その店の入り口で、顔見知りのAさんとバッタリ会ったのです。顔見知りと言っても、通っていたスポーツクラブのヨガ教室で、いつも隣同士になった程度です。お互い住んでいるところも知りません。挨拶《あいさつ》の後、いい機会だからとその話になりました。

「ここから坂を上って10分くらいのところに住んでいるの」とAさんが言ったとき、ドキッとしました。「そばに公園があって、桜が綺麗なの。あ、でも知らないわよね」

私は間髪を入れずに、「黒い犬の……」と言ってしまい、自分で驚きました。あの出来事以来心に蓋《ふた》をして、最近では、思い出すこともなかったのに、ふいに口をついて出てしまったのです。

でももっと驚いたのは、Aさんの方でした。

私を見る目が幽霊でも見たかのようになり、「はなちゃんを、前田さんも見たの？」と言うや私の腕をつかみ、店の奥のイートインコーナーに目をやりました。

2人で席に座るや、「誰かと一緒にいた？　いつ見たの？」と、まるで尋問のように聞くのです。

15年ほど前、初めて視たときのことから順を追って話すと、Aさんは時折、ゾッとしたように腕をさすって、聞いていました。

「実は私の孫娘が勘の強い子で、桜の季節になると、黒い犬がいるよ！　って言うから、今までは叱《しか》っていたの。こういう類《たぐい》の話、絶対信じてなかったもの……。でも、前田さんの言ったこと、全部心当たりがあるのよ」。そしてノートを取り出すと、頭の中を整理するように、書き込みながら話してくれました。

犬の名前は、はなちゃん。Aさんの記憶によると、私の視た黒い垂れ耳の犬と、身体の大きさも模様も一致していました。飼い主は公園がある地区の自治会長をしていたEさんという方で、私が視た初老の男性そのものでした。奥さんを早くに亡くして寂しかったのか、賑《にぎ》やかな集まりが大好きだったそうです。春は花見の会、夏は盆踊り、それ以外ははなちゃんの散歩で、ほぼ毎日、あの公園に来ていました。公園の桜はEさんたちが植樹したもので、なおさら愛着があったそうです。

風流な人で、桜にまつわる和歌など詠《よ》んでは、「僕はね、花見をしながら逝けたら、最高だなって思ってる。そして僕が逝った後、これ（はなちゃん）と一緒に、ここ（犬がいた桜の木の根元）に埋めてもらいたいなって……いやいや冗談だよ。ただ、理由をつけてここに集まって、飲みたいだけさ」などと言って笑っていたと、Aさんは懐かしそうな顔をして、教えてくれました。

でも実際は、はなちゃんが先に逝きました。私が初めて姿を視た時期の少し前に、がんで旅立ったそうです。そしてEさんは、その6年後の春に旅立ちました。

Aさんの話を聞きながら、私は納得しました。最初に視たとき、はなちゃんがなぜリアルな姿だったか、そして次は半透明な姿だったか……。Aさんの話と合わせることで、ほぼ合点がいったのでした。

ところが、Aさんは全然納得がいかないという顔で、こちらを見ています。

「2人揃《そろ》って出てくるなんて、やっぱり言いたいことがあるのね」

理由を聞けば、後悔していることがあると……。

彼女の後悔とはこうです。Aさんの住まいから3軒先の一軒家で、Eさんは娘夫婦と暮らしていました。娘夫婦は地域の活動にもあまり参加はせず、道で会えば挨拶くらいはするものの、親しく話す間柄の人もいません。

　Eさんが亡くなってしばらく経って、娘さんが各家々に挨拶に来たのです。自分たちは引っ越して、Eさんと暮らしていた家は取り壊して更地にし、単身者用のアパートを建てることにしたと……。Eさんの葬儀以来久しぶりに会った娘さんに、Aさんは言いました。

「ここから引っ越しちゃうと、お父さん、もう公園の桜を見られなくなっちゃうわね。それはとても、寂しいと思うわ」

　すると娘さんは「父の遺骨は代々お世話になっているお寺に移しますが、そこの桜も、ここに負けないくらい綺麗ですから」と、素っ気ない口調で言ったそうです。

　娘夫婦が引っ越した後、Aさんをはじめ、Eさんと仲の良かった町内の人は落ち込んでしまいました。

「はなちゃんと一緒に埋葬してもらいたかったこと、あの娘さんは知らないよ」と誰かが言いました。

「生前、はなちゃんのお骨は、手元にあるってEさんが話していたから。今、別々になっちゃったのね」

とても悲しそうな目で、Aさんは訴えてきました。

「Eさんとはなちゃんが離れ離れになるのを止められなくて……あれからずっと私たち、Eさんに申し訳ないことをしたと思っているの。だから、孫に黒い犬がいるって言われるたび、はなちゃんが寂しがっているのだと思って、ムキになって怒ったんだわ。でもあのときは、誰もEさんの娘さんに意見できなかったの。だって、余計なことをって言われてしまったら、それまでじゃない」

話を聞き終えると、私はAさんのノートを自分の方へ向けました。

「安心してください。今、Eさんとはなちゃんは一緒にいますよ」

アニマルコミュニケーターになってから、偶然はないと思うことが多いのですが、Aさんと今日こうして会ったのも、まさに、という思いでいっぱいになっていました。

2回目にはなちゃんを視たときから9年、プロとして開業して4年が経っていました。昔と比べたら、私の知識と経験は格段に進歩していたのです。今なら、自信を持って説明ができると思いました。

私たちはそのとき、パン屋さんで評判のアップルパイを注文していました。そのアップルパイの、何層にもなっているパイ生地を使って説明していきます。

「パイ生地の中身、りんごが私たちの肉体だとしたら、外側のパイ生地のように、幾重にも重なった、エネルギーの身体があると言われています。身体に一番近い層が、誰もが死ぬと最初に行く領域で、物質的なことや思いが強く残っている世界です。なので、私のようなタイプの者は、感知しやすいと言えます。最初にはなちゃんを視たとき、リアルな犬のように感じたのは、亡くなった直後で、はなちゃんがEさんを待つ気持ちが強かったからです。

次に見たとき淡いシルエットに視えたのは、パイ生地のもう1枚外側の世界に移行したから。そこに進めたのは、Eさんと会えたからです。もし会えずに無念や寂しい気持ちを持っていたとしたら、もっと暗く重い感じで出てくるでしょう。私が視たはなちゃんは、Eさんにリードを着けてもらって嬉しそうでした」

Eさんの話が出ると、途端にAさんは涙ぐみましたが、すぐに狐につままれたような顔に戻ってしまいます。

そこで、身体がない状態になると、時間や空間の制約を受けないことを、点と線で説明しました。

「点と点だけのときが1次元です。点と点を繋げて線にすると、2次元になります。私たちのいる3次元の世界は、この線を立体に起こした面に、重力が加わった世界です。そして重力から解放された4次元から先が、Eさんとはなちゃんがいる世界になります。その世界は時間と空間の制約を受けないので、お互いを思う気持ちがあれば、瞬時に会うことができると言われています。だから、たとえ一緒に埋葬されなくても会えるのですよ。意識だけになってもあるからこそ、お孫さんや、なにも知らない私まで、こうしてEさんとはなちゃんの存在を感じ取っているわけです」

Aさんは、わかったようなわからないような顔をしていましたが、さらに説明すると、最後は、「すごくよくわかった。これからみんなに、このノートを使って説明してあげる」と言ってくれたのでした。

ですが、私の方は、この説明で完全にわかってもらえたとは思いませんでした。頭で理解できるのと、腑《ふ》に落ちるのは異なるからです。風は見ることも触れることもできません。エネルギーの世界も、それと同じなのです。ただ、こうして説明されることによって、風

（エネルギー）は見えなくとも吹いているという意識が芽生えてきます。意識のこうした小さな変化の積み重ねが、次の世界へ繋がっていくのです。

そんなわけで、私はいつか変化があればいいなと思っていましたが、思ったより早くそれは起きました。

2、3日して、Aさんから手紙が届きました。開けてみると、興奮さめやらぬという感じの文字が躍っています。

「あの日、前田さんから聞いた瞬間は信じる気持ちになったけれど、帰る途中で、やっぱりEさんとはなちゃんは会えていないかも？　という気持ちが出てきました。晩年のEさんの寂しそうな様子を見ていたから、余計そうかもしれません。

ところが家に戻ったら、リビングのテーブルに、20年以上も前の町内会報が置いてあったのです。家族にどうしたのと聞いたところ、『離れの部屋で探し物をしていたら偶然見つけたので置いといただけ。いらないなら捨てて』と言われました。何気なくパラパラめくってみたら、花見の会のときに撮った写真が載っていたのです。Eさんとはなちゃん、真ん中で笑っているのがそうです。わかりますか？　これを見ていたら泣けてきて……E

さんは、ちゃんとはなちゃんに会えたことを伝えたくて、前田さんに会わせてくれて、こうして古い会報まで見せたんだって、私もようやくわかりました。だってそうでないと、こんな偶然、あるわけないです」

私は手紙を読み、同封の古い会報からコピーされた目の粗い写真を、穴が開くほど見つめました。満開の桜の樹の下で二十数名の人たちが、みな弾《はじ》けるように笑っています。その中央に座るフレームの太い眼鏡をかけた男性は、あのとき視たEさんそのもので、足の間から嬉しそうに顔を出しているはなちゃんは、確かに私が視た黒い犬です。

この仕事をしていると、時々言葉にならないほどの感情が湧き上がってくることがあります。このときもそうでした。私はじっと胸に手を当てて、Eさんとはなちゃんの15年に思いを馳《は》せました。

さらに一つ、こんな偶然があるわけないということが、起きました。

急に繋がりを遮断したあの日、Eさんが私に頼みたかったであろうことが、ずっと気になっていました。その答えが、Aさんの手紙の最後に書いてあったのです。

「Eさんが亡くなってから中断したままの花見の会を、来年から、盛大にやりたいと思います」

体験談❹ Iさん ― ココ君（オカメインコ ♂） ―

私がアニマルコミュニケーションを知ったのは、愛鳥を亡くした友人の話から。深い悲しみから立ち直れそうな様子にほっとしたものの、自分には無縁と思っていました。

でも、その後私も愛鳥を亡くし、新しく迎えたキキの警戒心の強さに四苦八苦するようになり、主治医には（鳥の）うつかもと言われ、藁《わら》にもすがる思いでセッションをお願いしました。

すると、キキの警戒心はまだ未熟なための生き慣れなさからくるものと飲み込めてきて、キキのペースに合わせればよい、と道が見えてきました。折角なのでと、当時18歳のココの話も聞いていただいたところ、歌いながら登場し「自分の鳥生の哲学は歌ってやり過ごすこと」と言ったと聞いてびっくり。ココはそういう子だと私も思っていたからです。楽しいときも驚いたときも、どんなときでも歌い踊って切り抜けるので「ココには歌があるもんね」といつも言っていたくらいです。そんなココが本当にそうやって自分を立て直し明るく私を支えてくれてきたことを再認識できました。

ならば、と、最初は聞くつもりがなかった亡くなったククの話を聞いていただいたところ、過ごした日々の一つ一つが意味あるものだったこと、出会いも旅立ちも運命だったことと納得できました。そして、いつか必ずまた会えるとククは言ってくれました。もし最初にこれを聞いたとしたら、信じられなかったかもしれません。でもキキとココの話をしていただいた後、最後に聞いたことで素直に信じられたのです。

今ココは22歳、いつか必ず来てしまう旅立ちは怖くてたまりません。でもククに、旅立ちは永遠のお別れではないと教わりました。その日が来てもまたココを探し出し話を聞いてもらえる、いなくはならない、その思いが心の支えとなっています。問題のキキも健やかに今8歳。やんちゃ盛りで手を焼いていますが、無邪気に遊ぶ姿を見ながら、あのとき話を聞けてよかったと、そして今後も行き詰まったときにはまた聞いていただきながら、2羽を守っていけたらと思っております。

鳥のエネルギーは、空を飛ぶからか、とても軽やかです。そして、お喋《しゃべ》りがとても楽しい子が多いのが特徴です。鳥とコンタクトを取るようになってから、私自身、身の回りにいる鳩や雀に対しての見方が優しくなりました。

3章

惜しみなく与えられる
どうぶつたちの愛

チョビ子がそっと寄り添うとき

いつもあなたのそばにいてくれる愛《いと》しいペットたち——彼らとの出会いに、思いを巡らせる方は多いことでしょう。

「あの出会いは偶然？　それとも必然？　私と出会ったことに、どんな意味があるの？」

道端で路頭に迷う子猫に出会った方は「偶然」、ブリーダー選びから始めて出産を待ち、何度も会いに行って決めた方は、「必然」と思うかもしれません。

きっかけや出会いはどうであれ、そのすべては必然であり、出会いの必然を注意深く見ていけば、その意味を知ることができます。

でもその「必然」に深い意味があればあるほど、あたかも偶然のように、時には不運の出来事を思わせる形でやってきたりするのです。

Iさんとチョビ子の出会いは、まさに後者でした。

「お宅の玄関の前にいる猫、前の人が飼っていたのですよ。飼っていたと言っても、もともとはそこら辺にいた野良猫です。仕事に行くとき外に出して、帰ってきたら中に入れていたみたい。勝手なことをしたあげくに置いていくなんて、ほんと迷惑ですよね……あ、ちなみにこのマンション、ペット禁止ですから」

Ｉさんは越してきてすぐ、隣の住人からそう聞かされたのでした。Ｉさんとパートナーの彼は、２人とも「野良猫」という言葉自体ほとんど聞かないくらい、どうぶつと縁がない暮らしでした。当然、猫と暮らしたことなどなく、そもそもどうぶつ好きでもなかったのです。なので２人は当初、面倒を見る気はありませんでした。

ところが、毎日どこで見ているのか、足音を聞きつけその猫はやってきます。黒白模様で、鼻の脇にちょび髭《ひげ》模様のある猫でした。Ｉさんいわく、味のある顔だと最初から思っていたそうです。そのちょっとひょうきんな顔で、おとなしく、玄関のドアが開くのを待っているのでした。

何日かするとＩさんは、猫が気になって仕方がなくなっていました。ドアの隙間《すきま》から、まだ外にいるか、確認してしまうのです。ドアを開けてもらえないとわかると、肩を落として非常階段を降りていきます。その後ろ姿が日に日に痩《や》せていくようで、Ｉさんは放っておけなくなりました。

最初は玄関前でご飯だけあげるつもりでしたが、ペット禁止のマンションですから、目立たないようにという思いもあって、中に入れるようになりました。もっとも、それは口実で、Iさんも彼も、大人しくて控えめで、それでいながら芯《しん》が強いこの猫のことが好きになっていたのです。ちょび髭模様から、いつの間にかチョビ子と呼ぶようになり、2人の会話は、チョビ子のことが中心となっていきました。

そんな幸せな生活が2年あまり続いたある日、外から帰ってきたチョビ子が、口から血を流していました。夜間病院へ駆け込むと、即刻入院となったのです。

1カ月経ってようやく退院できましたが、チョビ子の状態は良いとは言えませんでした。見た目が小柄なこともあり若く見えていましたが、チョビ子はシニア期で、肝臓や腎臓《じんぞう》はボロボロになっていたのです。

「これを機に完全室内飼育にしましょう！　外へ遊びに行って、腎臓の数値が悪化したらいけませんからね」

ちょうど季節は冬を迎えるころでしたから、寒さで悪化しやすい腎機能を心配した獣医師の助言を、Iさんも守るつもりでした。

でも、1カ月も入院生活を強いられたチョビ子は、通院を嫌がり外に出たがります。普段は自己主張をしないのに、窓のところに行き盛んにアピールするのです。少しだけ窓を開け風に当ててあげると、気持ち良さそうに目を細め、喉を鳴らすのでした。2人は、とても悩みました。

「病院へ連れていくのは仕方ないけれど、このまま家に閉じ込めて、チョビ子はあと何年生きられる？　たとえ長く生きたとしても、幸せかしら？」

Iさんがそう言えば、彼はこう反論します。

「なんでも猫の言う通りにすればいいってものじゃないだろう。先生の言う通り、何カ月か我慢させればチョビ子も慣れるよ」

言い合いながらも、お互いの言い分も理解できるのでした。2人は何度か話し合った末、今まで通り外に出すことにしたのです。チョビ子はとても嬉しそうに遊びに出かけたのですが、何度目かの外出から、戻ってこなくなってしまいました。

Iさんからの相談メールを読んだ後、添付されたチョビ子の写真を眺め、私も悩んでいました。私の場合、生きてはいないどうぶつの写真を見ると、はく製のように感じるのです。チョビ子の写真は5枚添付されていましたが、どれも生命力がない、はく製の猫に見えました。念には念を入れ、「こんにちは」と呼びかけてみますが、反応はありません。それどころか、話しかけたエネルギーがそのまま、跳ね返ってくる感じなのです。この跳ね返しの出所がわからなくて、ますます、悩んでしまいました。

「戻らなくなってから、すでに1年半が経っています。正直言って、チョビ子さんを探し当てることは、厳しいかもしれません。どんなことを聞けばいいか、確認させてください」

そんなメールを出すと、すぐに返事がありました。

「ご配慮、ありがとうございます。帰ってこなくなってからずっと、私はチョビ子を探し続けてきましたが、外に出すことは、彼と何度も話し合って決めたことですし、チョビ子もすごく喜んでいました。だからなんとしても探し出したい……そんな気持ちではなく、むしろ、見つけてあげられなくてごめんねと謝りたい。そして、私たちと出会ってくれてありがとうと言いたいのです。感謝の気持ちを、チョビ子に伝えていただけますか」

繋がるまで時間がかかることもありますが、チョビ子の場合は、瞬間移動したような速さでした。私はいきなり、夜の住宅街に立っていました。道路を挟んだ向かいに、タイル張りの瀟洒《しょうしゃ》なマンションが建っています。

リーディング時はいつもそうですが、知らない場所にいても、そこがどこなのか理解できるのです。私は道路を渡ると、Iさんの部屋がある3階を確認しました。

3階にチョビ子はいないと感じると、私の目は、まるでセンサーみたいな動きで外灯が照らすマンションの外観を移動し始めたのです。外付けの非常階段で視点が定まりました。正確には、非常階段を降りた駐輪場の裏手部分が気になります。死角になった場所で、外灯も当たらないので真っ暗でしたが、なにか得体のしれない物の気配を感じます。私は闇《やみ》に向かって、話しかけてみました。

「そこに誰かいる？　いるとしたら誰？」

黒い物体が微《かす》かに揺れたのですが、それでかえって、物体が硬いとわかりました。

私はこのとき、ある話を思い出していました。亡くなったどうぶつが彷徨《さまよ》ううち、良からぬエネルギーに利用され、結果として物の怪《もののけ》になってしまったケースです。悪しきものがいるのは、私たちの世界もあちらの世界も同じです。そして悪しきものたちは、弱いもののエネルギー、寂しさや悲しみという感情につけ込み、甘い言葉をささやいて（「飼い主に会わせてあげる」など）操ろうとするのです。

目の前にいるこの黒い物体がそのような悪しきもので、あのとき感じた反発の元かもしれません。私はチョビ子が利用されていないか見極めないといけませんが、内心ではうろたえていました。果たして、自分の力で太刀打ちできるのか……。

「チョビ子」と生前の名を呼んでも反応がないので、Iさんのフルネームを言ってみました。すると、黒い物体の中から声が聞こえてきたのです。

「私が本当に心を開けた人の名前！　ずっとここで待っているのに、なんで来ないの！」

およそ猫とは思えないような声でしたから、私は驚いて後ろへ下がりました。悪しきものがチョビ子を装っているのかもしれないという思いもありました。

でも、黒い物体の色が徐々に薄くなり、中から明かりが漏れ出したのです。その薄明かりへ意識を向けると、猫特有の丸まった姿勢のシルエットが感じ取れました。

シルエットに向かって、私は夢中で話しかけました。「見つけられなくてごめんなさい。Iさんは、ずっと探しているのよ。でもこんな場所では目が届かないし……それに、あなたは今、死んで身体がなくなっているから、Iさんには見えないの」

するとどうでしょう。明るさがどんどん増して、実体となった猫の姿が浮かんできたのです。目をこらして確認すると、トレードマークのちょび髭模様がありました。でもまだ硬い感じで、動き出す気配はありません。

そこで私は、Iさんから預かっていたメッセージを読み上げました。

「大好きなチョビ子、今、どうしている？」

Iさんから言われたことを、チョビ子に注ぎ込んでいくイメージで話します。すると、たちまち変化があったのです。

「本当に？　本当に大好きなお母さんなの？　ここでずっと待っていたよ。ここにいればいつか会えると思って、動かないでいたの」

声とともに、今まで硬く見えた毛が、ふわっとした感じに変化してきました。

「私はチョビ子に会わなかったら、世の中の表側しか知らない人間だった。チョビ子に会って、いつも何気なく通る道の片隅に、健気《けなげ》に生きる立派な命があることを知ったのだもの。チョビ子、ありがとう」

「偉いのはお母さん。信じていた人に裏切られて、誰も振り向かない私に、お母さんは優しくしてくれた」

驚くことに、そう話すチョビ子のお腹が、呼吸に合わせるように、動き始めたのです。

みるみるうちにチョビ子の目に光が宿り、生前の彼女に戻っていきました。チョビ子は甘えた猫の声になると、私めがけて走ってきました。

「にゃあ、にゃあ、にゃあ（お母さん、お母さん！　やっと会えて嬉しい！　10年待った甲斐《かい》があったよ）！」

足にすり寄られると、最後に出かけた日の意識がようやく読み取れました。腎臓が悪かったチョビ子は、出かけてすぐ腎機能の低下からくる眠気に襲われてしまったようです。安全なところ（暗くて狭い場所）を探してひと眠りすることにしたチョビ子は、この死角になった場所で、眠ったまま旅立ってしまったのでした。黒いかたまりになってしまった原因は、身体から抜けたチョビ子の意識が、自分の死に気がついていない点にありました。死んだことに気がつかない意識は、その場所に縛られてしまうことがあるのです。

チョビ子にしたら、ずっと待っているのに大好きなお母さんは来てくれません。部屋の前で待っていようとしても、意識はこの暗い場所に引っ張られ、戻ってしまいます。次第に気持ちは頑《かたく》なになり、その気持ちが鎧《よろい》のようになって、自らを覆ってしまったのです。

人間の1年は、どうぶつの4年と言われています。来る日も来る日も待っていたチョビ子にしたら、5年にあたる1年半が、10年と感じられるほど長かったのです。

「あぁチョビ子、会いたかった」気がつくと私はIさんと一体になっていて、チョビ子を抱きしめていました。あんな姿になっても、長い間自分を待っていてくれたチョビ子の気持ちが切なくて、愛おしくてたまりません。涙が滝のように流れ、頬を濡《ぬ》らします。Iさんは化粧をきちんとする人のようで、目元を気にして、溢れる涙を手で拭《ぬぐ》うのでした。その手を耳元へ持っていくと、鍵束のようなものを振る仕草をしました。

「さぁ、チョビ子！　家に帰ろう」

それが合図のように、チョビ子は腕から飛び降り駆け出したのです。

対面し、報告を聞いたIさんは、「耳元で振っていたのは、前田さんの言う通り鍵の束です。今も肌身離さず、こうして持っています」そう言って取り出すと耳元で振ってみせ、泣き崩れてしまいました。リーディングで感じた通り、きちんと化粧をした人で、肩までかかる髪のカールが揺れると、ダイヤの大きなピアスがきらめきます。高級婦人誌から抜け出てきたような人でした。

刺繍《ししゅう》が入った高価そうなハンカチで丁寧に涙を拭うと、Iさんは続けます。

「玄関前で待たれると苦情が出るようになったのです。それを察したチョビ子は、駐輪場の辺りで待っていてくれるようになりました。鈴をつけた鍵の束をこうして鳴らすと、それを合図に階段を駆け上がって、部屋の前に行くのです。それが私とチョビ子の、大事な日課でした」胸の前に両手を当て、ぎゅっと抱きしめるような仕草をしました。

「ありがとうございます。チョビ子と私は、今、ようやく会うことができました」

その後私たちは、チョビ子の思い出話をしました。Iさんは時折言葉に詰まりながら、チョビ子が室内にいたくなるよう買い揃《そろ》えた玩具《おもちゃ》や居心地よく眠れるベッドの写真を見せてくれました。

そのとき私はふと、ずっと疑問に感じていたことを聞いてみたくなったのです。チョビ子と知り合うまで猫好きでもなく、お洒落《しゃれ》ですべてに余裕がありそうなIさん。そんな彼女がなぜ、ボロボロの野良猫だったチョビ子に、ここまで気持ちを注ぐことができたのか、そして1年半も経って、なぜ消息を聞きたくなったのか……。

Iさんはしばらく考えていましたが、静かにこう言いました。

「勤め先が大手の企業で、入社したころはバブル時代の絶頂期でした。収入面でも物質面でも、私はずっと、恵まれて生きてきたのです。でも、心の奥はいつも渇いていました。

なにかが違う、なにかが足りないと思って、私は生きてきたのです。でもチョビ子が来た当時、そんなことを思っていたわけではありません。チョビ子がいなくなった今だからこそ、よくわかるのです。チョビ子は、私の渇いた心の穴を埋めてくれました。そして、本当の豊かさも教えてくれました。こんな言い方、大げさに聞こえるかもしれませんが、私を救ってくれたのだと思います」

なぜ1年半も経ってから聞きたくなったのかは、わからないと言いました。もう生きてはいないとどこかでわかっていたけれど、それが怖くて聞けなかったわけでもない。あのとき、私のホームページを偶然目にし、気がついたら申し込んでいたと言うのです。

Iさんとチョビ子の話には後日談があります。対面のセッションから半年も経たないころ、私は横浜の大学で、アニマルコミュニケーションについて講演することになりました。内容は自由だったので、保護犬・保護猫の実例を紹介することにしたのです。猫の部門で、真っ先に頭に浮かんだのがIさんとチョビ子でした。

ところが、案内を送っても以前のようにすぐ返事は来ませんでした。喜んでもらえると思ったのに……と落胆したころ、返事がありました。

「生前人目に触れず逝ってしまったチョビ子のことを大学で紹介していただけるなんて、夢のようで嬉しいです。でも残念ですが、実はあの後すぐに体調を崩し、チョビ子が入院を嫌がった気持ちがよくわかるほど、長い入院生活を送っていました。今は退院して少し元気になったのですが、仕事も辞め、自宅で静養中の身なのです。正直、起きたり床に臥《ふ》せたりの生活で、外出できるほど体力がありません」

大学での講演は、大盛況のうちに終わりました。たくさんの方に参加いただき、紹介させていただいた実例の人たちもみな、会場に来てくれました。涙で目を真っ赤にした参加者から、実例の提供者に拍手が送られると、嬉しい反面、（Iさんとチョビ子は、なんてタイミングが悪いのだろう）と、私は残念でなりませんでした。あの感動の再会を多くの人に知ってほしかったし、称賛されるべきと思っていたのです。

それからずいぶん後のことです。私にしては珍しく体調を崩し、10日ほど寝込んでしまったことがありました。

抜けるような青空が広がる気持ちの良い昼下がり、こんなに天気の良い日に家事もできない自分が情けないと、ベッドから青空を見上げていました。今ごろ世間の人は、忙しく働いている時間です。

（たった10日寝込んだだけで、社会から置いていかれたような気持ちになるなんて）

心でそう呟いたとき、ふと、Ｉさんのことが思い出されてきたのです。

長年大企業に勤めていた彼女が、その勤めを辞め、半年経っても出かけられない病気になったのです。今の私と同じように、ベッドから空を見上げることも多かったでしょう。そんなときＩさんは、なにを思い、なにで自分を励ましていたのか……。

すると突然、あの鈴の音が聞こえてきたのです。

「にゃあ、にゃあ、にゃあ」と、喜ぶチョビ子の声が追ってきて、鈴の音に重なります。寒い日に熱いスープを飲んだような温かさが、胸いっぱいに広がっていきました。

チョビ子と暮らした日々と彼女の愛を思い出すことで、Ｉさんは大いに慰められたことでしょう。

Ｉさんの元へチョビ子が帰ってきたのは、神様の計らいといえるタイミングだったのだと、このとき私は初めて気づいたのです。

体験談❺

Iさん──えるさん（フェレット　♀）──

私はフェレットの保護活動をしています。

そんな私の自宅へ「偶然」「手違い」で届いた1匹の可愛い女の子のフェレット「えるちゃん」のお話を聞いてください。

長い保護活動者生活の中で初めて、見た瞬間に「あっ……この子は私の娘だ」と何故かそんなふうに感じて、二十数年ぶりに我が子としてお迎えを決めた小さな命。えるちゃんは、そのときのことを、「ママが活動の場や自分の可能性を広げていくために私は来たの。ママと私は単にペットと飼育者ではなくて、ママと私にしかできない仕事があるのよ。こんなに可哀想なフェレットをなんとかして、だけではなく、フェレットってこんなに素敵！こんなに愛情深い可愛い生きものです、って啓蒙《けいもう》活動ができるはずなの」と言ってくれました。あの出会いは偶然でも手違いでもなく「そういうことだったんですよ」と理子さんに教えていただいた、それが私とアニマルコミュニケーションの出会いでもありました。

今日は、そのえるの言葉通り、フェレットがどんなに愛情深くて可愛い生きものなのか、

そのエピソードを一つ。
えるは誰かがお風呂に入ると、大急ぎで脱衣所まで駆けていき、閉まっている扉に手をかけて背伸びをしてお風呂場を覗《のぞ》くような姿勢で待っています。
「なにをしているのか?」アニマルコミュニケーションで聞いていただいたその答えは、「パパとママが心配なの……。だって私のときは、パパとママが2人つきっきりで大丈夫、大丈夫! って言いながら、お風呂に入れてくれるのに、パパやママは1人で入るのよ? だから、私がこうやって『大丈夫!』って見守っているの」って。
あぁ、もう、なんて可愛らしいのでしょうか!

フェレットの生態には詳しく慣れている私ではありましたが、こうしてアニマルコミュニケーションでその小さな可愛い身体いっぱいに詰まった深い深い愛情と、その細やかな感情を「言葉」で教えていただき、改めて感じるその愛おしさ……。

アニマルコミュニケーションとは、「我が子をもっともっと好きになる」ツールの一つです！

私が共に暮らしたことのある犬猫以外の、小さな生きものたち。彼らの心が、犬や猫と同様に豊かで深くて一途《いちず》であることを、たくさんのフェレットから教えてもらいました。

シモンはなにを思って旅立った

つらいとき、自分と同じ経験をした人の話を聞くのは慰めになると実感してから、自分の体験をみなさんに話すようになりました。

亡くなったペットについて聞きたいことはたくさんあっても、つらい記憶が思い出されて質問できない方や、質問の答えを聞くのが怖くて、セッションを受ける決心がつかない方たちに話すのです。

Tさんは後者でした。マンションの中庭に繋いだ愛犬シモンが、わずかな時間で旅立ってしまったのです。

もともとシモンは、Tさんの父親の愛犬でした。父親が旅立ってからも元気に頑張っていましたが、5年目に入ったころから、外へ行くのを嫌がるようになったそうです。Tさんは、シモンがそのときすでに19歳という高齢で、少し認知症の症状も出ているからだと

思っていました。

ところがシモンは、マンション中庭のベンチに行くのは大好きなのです。リードを持ったTさんが「お散歩、お散歩」と言っても顔を上げないのに、「ベンチに行くわよ」と言うや、即座に顔を上げて目を輝かすのでした。

Tさんの住むマンションは広大な敷地に低層階の建物が点在し、中庭を囲むような造りになっています。中庭といっても、公園がすっぽり入るような大きさで、中央に木陰を提供する大木が繁っています。ベンチは、その大木の周囲に3カ所ありました。

各部屋から中庭へ通じる外階段があって、1階の部屋には10畳ほどの専用庭もついています。専用庭から直接、中庭に出入りすることもできるのでした。

Tさんは音楽界では名の知れたピアニストで、自宅でもピアノを教えています。認知症の症状が出てから、シモンはピアノの音に反応するようになっていました。耳も遠くなっているのか大きな声で鳴き、レッスンにならないのです。困り果てたTさんは、レッスン中、中庭のベンチにシモンを繋いでみることにしました。すると、老いてからこんなに上機嫌な顔を見たことがないような表情になって、2時間のレッスン中、大人しく待っているのです。

T家は1階だったので、レッスン日には専用庭から直接中庭へシモンを連れ出していました。ベンチに毛布を敷いてから乗せてやります。するとくるくる回って、満足そうに横になるのでした。

10月のある晴れた日も、そうやってシモンをベンチで待たせていました。ご機嫌でベンチの上に座っていましたが、レッスンを終えて迎えに行ったTさんの目に飛び込んできたのは、いつものように、丸まって横になるシモンではなかったのです。まるで駆けるのを途中でやめたような格好の四肢が、ベンチから不自然な形で突き出しています。そしてシモンの身体は、すでに冷たくなっていたのでした。

「シモンは私を許してくれないと思います」と、Tさんは言いました。目鼻立ちのハッキリした彼女が、大きく見開いた目で宙を見つめて話すさまは、今もベンチの横に立ち、冷たくなったシモンを見ているようです。

私は慰めと共感の気持ちを伝えてから、こう言いました。「でも、たとえどんなことがあっても、どうぶつは自分の家族を〝許せない〟とは言いません」

Tさんは鋭い矢のような目をこちらに向けましたが、その目は私にとって、覚えのあるものでした。

26年前、病院に小太郎を迎えに行ったときの私も、同じ目をしていたのです。

心臓の弁膜症と水頭症を抱えた小太郎は、亡くなる1週間前から食べ物を受けつけなくなりました。点滴には通っていましたが、治療をして帰ってきても、虫の息で横になっています。時々もう吐くものもないだろうに、身体を震わせ、嘔吐《おうと》しました。2キロもない小さな身体で苦しむ愛犬に寄り添える勇気を、当時の私は持っていませんでした。疲れ切っていた私は、1日だけという約束で小太郎を入院させたのです。

翌日、迎えにいく準備をしているところへ、ひっきりなしに電話がかかってきました。なんだか嫌な予感がした何本目かの電話で、小太郎の死を知らされました。

駆けつけた私の目に飛び込んできたのは、診察台の上に横たわる小太郎の姿でした。駆け寄って顔を見つめると、目は閉じていましたが長いまつ毛やきゅっと上がった口角は、いつもと変わりません。呼んだら、今にも目を開けそうなのです。

「小太ちゃん、迎えに来たよ。帰ろう」私は脇の下に手を入れて、小太郎を抱き上げました。しかし彼の首は、しおれた花のように、くたりと落ちていきました。その動きで、私はようやく生きていないことを実感したのです。

小太郎を胸に抱えると、そのまま床に座り込んで泣きました。号泣する私に、先生やスタッフは、労《いた》わりと慰めの言葉をかけてくれたものです。「ありがとうございます」と言いながら、私は、今のTさんと同じような目で、宙を見つめていたのです。

小太郎の話が功を奏したのか、それまで散々迷っていたTさんから対面セッションの申し込みがありました。

シモンが旅立ったのは最近のことだと思っていたのですが、「デジタルの写真が残っていないのです。シモンの紙焼き写真をスマホで撮影して送りましたが、使えますか？」と聞かれて初めて、小太郎と同じくらい前のことと知ったのです。

送られてきた写真には、いろいろな洋犬の良いところをぎゅっと詰め込んだような、実に魅力的な犬が写っていました。70年代に大ヒットした「ベンジー」という犬が主役の映画を知っている方なら、似た容姿を思い浮かべてみてください。シモンは、コッカースパニエルの愛らしさに、プードルの賢さをブレンドしたような瞳をしています。身体は柴犬より少し大きめで、体毛は茶色のグラデーション。毛先がテリアのようにカールして、鼻や目の回りにハート形の白い模様がある犬でした。

ところがTさんの父親が出会ったときのシモンは、写真とは別の犬のようだったそうです。

美食家だったTさんの父親が、行きつけの小料理屋さんから出てきたときのことです。店の脇の路地で、なにかが動いているのが目に入りました。

店があるのは東京都内の一等地で、ちょうどそのころ、外国人の集団窃盗事件が続発していました。父親は武道の心得があったので、そんな奴《やつ》らだったら退治してやろうと思い、見に行ったのです。けれど、そこにいたのは悪漢ではなく、まだ大人になりきらない、震える犬でした。

大の犬好きだった父親は、「おいどうした？　こんなところで」と声をかけました。すると犬は、テリアのような短い尾を振って耳を寝かせ、鼻を鳴らしました。なんとも哀れな感じのする声でした。そして、よほど怖い思いをしたのか、しきりに周りを気にし、路地から出てくる様子はありません。

父親はその場にしゃがんで、犬好きがよくやるように手を差し出し、呼びかけました。

「大丈夫だ、こっちへ来いよ」

食べ物を貰《もら》えると思ったのか、犬は手から1メートルほど離れたところまで出てきて、地面に鼻をすりつけました。

痩《や》せて泥だらけの身体を見た父親は、店内に向かって大声で言いました。

「大将、忙しいのにすまない。デッカイ肉の塊を、さっと焼いてくれないか」

鼻の先に肉を投げてやると、犬は貪《むさぼ》るように食べました。食べ終わって顔を上げた犬に、父親は言いました。

「おまえ、なにか事情があるんだな……。まあいい、今日はワタシの家に泊まるかね」

父親が歩き出すと、犬はつかず離れずの距離を保って、後をついてきました。その後しばらく経っても飼い主は現れず、シモンはそのままT家の犬となったのです。

シモンは父親によほど恩義を感じていたのか、その日以来、まるで「忠犬ハチ」のようだったそうです。仕事以外はどこへ行くにもお伴をしたがり、置いて行かれると、哀調たっぷりに遠吠《とおぼ》えをするのです。

「ご近所迷惑ですから、なんとかしてください」とTさんの母親、つまり妻に言われた父親は、シモンを連れて飲み歩くようになりました。

リードを着け店の裏手に繋いでもらったところ、シモンはすぐに意味を理解し、大人しく待つ姿勢になったそうです。

父親が飲み過ぎたときも、シモンの出番でした。ふらつく父親の歩調に合わせて上手に歩き、仲良く帰ってきます。玄関先で吠えて帰宅を知らせるシモンときたら、まるで父親の専任ＳＰのように得意そうだったといいます。こんなシモンが可愛くてたまらない父親は、次第に深酒をしなくなりました。

「私がどんなに言っても聞く耳を持たない人が、シモンのためなら、お酒を控えるのね」

と母親が皮肉を言うほど、父親とシモンの絆《きずな》は深かったのです。

その母親が急逝してしまい、その後、Ｔ家にはさらに不幸が続きました。一代で興した会社を継がせるはずだった息子（Ｔさんの兄）が、事故で亡くなってしまったのです。２人の思い出が詰まった家にいるのはつらいと、すべてを引き払った父親は、今のマンションに、娘のＴさんと越してきたのです。

「でも私は、進んでここに来たわけではないですよ」と、きっぱりした口調でＴさんは言いました。「私は地球の反対側にいて、音楽を勉強していました。ずっとそこにいるつもりでした」ここでTさんは、洋画に出てくる女優のように肩をすくめ、「スポンサーから呼び戻されたってわけです。自分じゃ料理もしない人だから、お世話係が必要だったのでしょう」とため息をつきました。

Tさんの話を聞きながら、私は最晩年のTさんの父親の写真を見ていました。中庭で撮ったという写真には、歴史の教科書に出てくるような紳士が立っていました。仕立てのいいスーツ姿で胸を張っていましたが、その身体は右に傾いています。写真を撮るのに正装をするような人物が、右手に持った杖で身体を支えなければ立てない姿には、痛々しいものがありました。でも、その杖を強固にする形でシモンが寄り添い、後方には、ベンチも写っていました。

「これが例のベンチですね。お父様と仲良く座っていたんでしょうか」

そう尋ねると、Tさんは、メトロノームのように長い指を横に振りました。「父は、ここではほとんど外に出ませんでした。プライドの高い人でしたから、老いて、杖に頼って歩く姿なんか、誰にも見せたくなかったのでしょう。だから、シモンに聞いてほしいのです。なぜ、ベンチがそんなに良かったの？　って」

リーディングはT家の専用庭にいるイメージから始めました。しっかりシモンの姿を思い浮かべて、「ベンチに行くわよ」と呼び出すと、一瞬にしてシモンが現れました。庭の柵を開けてほしいと、こちらを向いて鼻を鳴らします。

柵を開けてやると、シモンは中庭に飛び出していきました。喜び勇んで跳ね回り、こちらに戻ってくるとまた走っていきます。驚くことに、シモンはこちらに戻ってくるたび、若い姿になっていくのでした。

何度か繰り返した後、シモンはベンチの方へ駆けたまま戻らなくなりました。走って後を追ううち、「おや?」と感じました。中庭の景色がさっと遠のき、こんもりとした木々が生い茂る坂道に変わったのです。

坂道を上っていく私の歩幅は大股《おおまた》になっていて、足元から風が吹き抜けます。下を向くと、下駄を履いているのでした。私は、シモンと歩くTさんの父親になっていたのです。着物の裾《すそ》さばきも豪快に、ぐいぐいと坂道を上っていきます。

シモンは後になり先になりしてついてきます。

やがて頂上に着いたようで、視界がパッと開け、見事な夕陽《ゆうひ》が視えてきました。夕陽を眺めるには特等席という位置に、古びた木のベンチがあります。

ベンチに座ると間もなく、小柄な老人がやってきました。気のおけない、飲み仲間という感じです。2人の間に、シモンが陣取ります。

気がつくと私は父親から離れ、夕陽に染まる三つのシルエットを後ろから眺めていました。しばらく経つとその景色も少しずつ遠のいていき、私は、マンション中庭のベンチに戻っていたのです。

また父親と一体になっていて、私の手は太く骨ばっています。その手は、まだ温かみの残るシモンの身体を撫《な》でているのでした。シモンはベンチに横たわり、目を瞑っていましたが、不思議なことに見つめ合っている気持ちがするのです。

「シモン、5年もよく頑張ったぞ」声をかけると、シモンはキュンと甘えた声で応じ、もう動かなくなった身を懸命に起こして、にじり寄ってきました。

Tさんに結果を報告する私の声は、だんだん萎《しぼ》んでいきました。真相がわかったというのに、Tさんは喜ばなかったのです。それでも、最後まで伝えねばなりません。

「シモンがベンチを好きだったのは、飲みに行くお父様のお伴をしていた時代の、楽しい時間を象徴するものだったからです。だからシモンはベンチに座って、お父様が迎えにきてくれるのを、待って――」

言い終わらないうち、Tさんは口を開きました。

「あー、良かった！　私がシモンを死なせたのじゃないってわかって」

日本に帰ってきたかったわけではないと言われたときから、父親との間になにかあるのは感じていたので、私は曖昧《あいまい》な笑顔で応じました。

「ここに住んでいる人たちから、耳の痛い話ばかり散々聞かされてきたのです。あんな老犬を外に繋いだりしてって。でも、みんなシモンを可愛がってくれていたし、繋ぐ事情を回覧したときも賛成してくれたのです。それがあんなことになったら手のひらを返したように……。それも直接私に言ってこなくて、管理人からそっと聞かされるなんて」

同意を求めるようにこちらを見ましたが、私がなにか言う前に、Tさんは顔をそむけてしまいました。

「……でも、本当は言われて当然なのです」

泣き出しそうな気持ちを押し込めた顔で、Tさんは続けます。

「私はいつも小さな意地悪をシモンにしていました。例えば、迎えにいくのをちょっと遅くしたり、なにか要求されてもすぐやってあげなかったり。イライラして、怒鳴ったこともあります。ああ、もっともっと、いろんな意地悪をしてきました」

そこまで一気に言うと両手で顔を覆い、肩を震わせました。

「シモンはTさんがしたという意地悪など、まったく気にしていませんでしたよ」

私は感じたままのことを伝えましたが、Tさんはいやいやをする子供のように頭を振って、さらに激しく泣くのです。

20年もの間、後悔を背負い、人知れず苦しんできたTさん――。彼女を、なんて慰めればいいのでしょう。Tさんの心情に目を向ければ、父親の身勝手さで自分のやりたかったことを諦《あきら》めさせられたという気持ちの底に、自分は愛されていないという疑念を感じるのでした。だから父親と絆が強かったシモンに、小さな意地悪をしてしまったわけです。満たされない気持ちをシモンにぶつけることで、埋め合わせをしていたのです。

リーディング中に感じることとは、質問に対する答えだけではありません。その質問に関連する、言葉にならない思いがたくさんあるのです。

シモンのリーディングを通じて私が感じたのは、Tさんの話とは違い、彼女に対する父親の愛でした。海外から呼び戻したのは、彼女の身を案じる父親としての正当な理由があったと感じます。相次いで家族が亡くなった時期に声をかけたのは、自分の世話をさせるためではありません。なにを言っても聞く耳を持たない娘を呼び戻す、強い動機付けになると思ったからでしょう。

身も世もなく泣き続けるTさんを見ながら、私は懐かしい痛みを感じていました。私も、小太郎を抱きしめて泣いた遠いあの日、自分で自分を許せない気持ちでいっぱいになっていたものです。若くして結婚し、誰も知り合いのいない都会で生活を始めた私は、幼く、友人もおらず、親に相談できる環境にもありませんでした。小太郎は、私のそんな日々の中で、孤独や寂しさを埋めてくれる唯一無二の存在でした。そして、これは誰にもわからないことですが、死期が迫った小太郎を一晩入院させたら、もう生きて会えないという予感が、当時、私の中にありました。それでも私は自分の弱さに負けて、唯一無二の存在を他人に委《ゆだ》ねてしまったのです。

そんなことに思いを巡らせながら、私はTさんの背後にある立派なピアノを眺めていました。ピアノの横に置かれたテーブルの写真立てに、若かりし父親とシモンの写真があり

ました。Tさんが少女時代の家族写真も並んでいます

思えば私たち人間は、「親子の愛」「夫婦の愛」「家族の愛」と、愛を小さく分断して、そこにいろんな条件や制限をつけています。一方、どうぶつたちが私たちに示す愛は、無条件で無制限です。

私が小太郎を失って自分を許せず、Tさんは自分が許されないと思っているわけですが、それは分断された小さな愛にとらわれているからです。無条件で無制限の愛を持つどうぶつたちは、そうやって私たちが小さな愛にとらわれ、自分を許さないことを悲しんでいます。

私はアニマルコミュニケーションの仕事について、彼らからそのことを教えられました。そしてTさんも今、それを知るべきときなのです。

なにも言わず、私はTさんが泣きやむのを待っていました。

彼女はずいぶん長い間泣いていましたが、少しおさまってきたタイミングを見計い、「お父様はTさんの身を案じて呼び戻したと感じるのですが、心当たりはないですか」と聞くと、ピタッと泣きやんだのです。そこで感じたことを具体的に話しました。

「そのまま海外にいても、Tさんが良い方向には行かない。一度日本に戻って、自分を見

つめなおしてほしいと思っていたと、伝わってきました。合っていますか？」

Tさんは、真っ直ぐこちらを見つめてきました。彼女の表情は、みるみる柔らかくなっていきます。ホッとして、私の緊張も緩むのがわかりました。

「さっき中断した話をしてもいいですか？」と聞くと、Tさんはその日初めて、頷《うなず》いてくれました。

「シモンはTさんのことを〝許さない〟と思ったことなど、一度もありません。最期は、ベンチにお父様が迎えにきていました。そのとき、シモンにこう話しかけていたのですよ。『シモン、5年もよく頑張ったぞ』って。そう言われて、もう意識が朦朧《もうろう》としているシモンの頭の中に浮かんだのは、Tさんの顔でした。お父様が亡くなった後、シモンは命が尽きるまでTさんに寄り添いたかったのです。あのときベンチでシモンの頭にあったのは、その役目を精いっぱい果たして、お父様の所へ行ける満足感。そして、Tさんに対する愛だけでした」

話し終えたと同時に、Tさんはまた泣き出しました。泣きながら、なにかを呟《つぶや》いています。最初は蚊の鳴くような声で聞き取れなかったのですが、次第にしっかりした声になってきました。

「パパ、シモン」

Tさんの言葉を聞き取ったとき、心の中に、ふつふつと誇らしさが湧いてきました。アニマルコミュニケーターという仕事ならではの達成感とも言えるでしょう。

私は今、20年ぶりに再会した父娘とペットの深い喜びの場に、こうして立ち合っているのです。

体験談❻ 南川玲子さん ―きなこさん（MIX犬 ♀）―

きなこがうちの子になったのは、前犬なつが亡くなって半年後の満月の日。

主人は病気療養中でしたが、保護犬譲渡会で一目惚《ひとめぼ》れ、私の不安を押し切っての決断でした。

物怖《ものお》じしない明るさ、長い手足でのジャンプ力、よく走り、仔犬らしさ満載のきなこは、我が家にまた新しい風と喜びを運んでくれました。

しかし、それから1年も経たず主人が他界。

気がつけばいつも私を見つめる二つの瞳。それは、慈愛の中にも「私が護《まも》らなければ……」というような強い眼差しだと感じていました。

後年、アニマルコミュニケーションを受け「お父さんからの言いつけで、ずっとそばで私がお母さんを護るの！」と聞いたときは宜《むべ》なるかなと納得。

きなこは、主人からの愛のプレゼントだったのです。

母との同居生活でも良きパートナーとして私を助けてくれて、潤滑油となってくれまし

た。母が倒れて緊急搬送されたときは、しばらくきなこを預かってもらうため迎えにきてくれた私の友人を振り切り、救急車に乗り込もうとしてその場から動きませんでした。

今は施設に入居の母も、行くたびに「きなこ元気？」と尋ねます。

そんなきなことの生活も11年目。

アニマルコミュニケーションで思いの丈を伝えられた安心感からか、最近はすっかり甘えたになり、食いしん坊にも磨きがかかり、ちょっとわがままを言うようになりました。

そんな変化がとても嬉しく、穏やかにこれからも一日一日大切に楽しく過ごしていきたいと思います。

ああ風の中
金色の光となって
きなこが来るよ
聴き耳ぴんと立てて
無言の救い
神よりの使者
きなこよ走れ
かりそめの世とて　（きなこに捧ぐ　母の歌）

どうぶつたちは、時に亡きご家族からの使者としてや、離れて暮らすご家族との絆を強める役割を担うこともあります。重要なその二つの役目を果たすきなこちゃんは、犬本来の輝きに満ちていると感じました。

クロ坊が伝えたかったこと

共に暮らすどうぶつが私たち人間にどれほど尽くしてくれるか知ってからも、信じられないことがいくつかありました。その一つが、どうぶつが私たちのため、死に方を選ぶことがあるというケースです。

アニマルコミュニケーターの学校で、卒業をひかえたある日の授業のことです。先生は、余命いくばくもない老犬が、散歩中に車とぶつかって亡くなった話をしてくれました。足腰が弱っていて、トボトボ歩きの犬だったそうです。その犬が、車が走ってきた瞬間、信じられないほどシャンとなって、車めがけて飛び出したというのです。飛び出す前、その犬は、チラッと飼い主さんを見上げたそうです。

「あの目が忘れられません。なにか言いたげな、訴えるような目をして、私を見上げたのです。足は弱っていましたが、頭はしっかりした犬でしたから、なおさらです。最期にな

にを言いたかったのでしょう?」と、飼い主さんはアニマルコミュニケーションを依頼してきたのです。

それを聞いて私たち生徒は、口々に予想を立てました。きっとその老犬は、なにか病気があったに違いない。長い闘病でもしていて、飼い犬さんに看病してもらうのが申し訳なかったのでは、などと……。

先生はそんな私たちを見渡してから、こう続けました。

「その飼い主さんは当時、どうしてもアルコールがやめられなくてね。長年やめたいと思って何度も挑戦したけれど、いつも、自分の心に負けてしまっていたんだよ。だからその犬は、自分の寿命が尽きる前に、飼い主さんへそのことを伝えたかった。『お母さんも、私のように強い気持ちを持って』とね。それくらい衝撃的なことを起こさないと、飼い主がお酒を断てないことを、その犬は感じ取っていたんだ。もちろん、人間の思考のサイクルとは違うよ」自分の胸に手を当てて、「いつも言うように、どうぶつたちは、ここ(ハート)で感じ取っているからね」と、微笑《ほほえ》んだのでした。

どうぶつが、自分の命と引き換えにしても、なにかを伝えようとするなんて……。

その授業の帰り道、私は衝撃と感動と、どこか信じられない気持ちで、ボンヤリしながら歩いたものです。

でも犬が先生に話した通り、その飼い主さんはかなり重度のアルコール依存症で、当時、身体も病んでいたそうです。そして真相を知った飼い主さんは、20年できなかった断酒に、成功したのです。

先生はその授業の最後に、驚いてポカンとしている私たちにこう言いました。

「安心しなさい。そんなセッションは、滅多にあるものじゃない。でも、だからこそ、そういう機会が巡ってきたら、選ばれたと思って全力を尽くしてくださいよ」

学校の最寄駅はお洒落で有名な街、自由が丘を通る路線にあり、いつも華やかでした。着飾った人で賑《にぎ》わう駅の改札を通ったとき、切符を検知するカチャッという音で、私はようやく、現実へ戻ってきた気持ちになったのでした。

私の機会は、意外に早く巡ってきました。プロのアニマルコミュニケーターになって3年目、かかりつけの獣医A先生のところに薬を貰いに寄ったときのことです。

治療の話が終わった途端、先生は、待合室に患者さんがいないかを確認しに行きました。

A先生は犬や猫の気持ちを尊重してくれるので、そんな人柄と丁寧な診療が口コミで広がり、院内はいつも患者さんで溢れていました。ところがその日は珍しく、私の後に誰もいませんでした。

「少し早いけれどお昼休み！」と言いながら戻ってきた先生は、急にウキウキした表情になって、奥の入院室に目をやりました。

「ねえ前田さん。うちのクロ坊を見て行かない？」

クロ坊は2年ほど前まで、先生の家の近所を仕切る野良猫のボスでした。見たところ6、7歳の雄猫で、真っ黒いから最初はクロと呼んでいました。これ以上猫が増えないよう、先生は手術をすることにしましたが、賢くてなかなか捕まりません。餌《えさ》やりのボランティアの方と情報交換しながら、捕獲の機会をうかがっていました。そうやって直に関わってみると、憎めないところのある猫で、実際、クロのファンもたくさんいることがわかりました。先生の住むマンション内で、違う棟の非常階段を上り下りするクロの姿を頻繁に見かけるのです。

「クロ坊ったら、ファンが多いから。ドアの前に座って、あの澄んだ声でひと鳴きしたら、すぐにお刺身やかまぼこが出てくるわけ……。でも、クロ坊ならわかるわ」と話す先生の口調は、憧《あこが》れのアイドルの話をする少女のようになるのです。

先生に手招きされて入院室に入っていくと、一番手前のケージの中にクロ坊が座っていました。

「えーっ」クロ坊を見た瞬間、私はそんな声を出してしまいました。想像とまったく違う猫だったのです。真っ黒いボス猫で憎めないところがあるという話から、大きくて雄々しい、天然キャラのボス猫を想像していたのです。でも目の前にいるのは、意外に華奢《きゃしゃ》で、グリーンの瞳が美しい猫でした。先生の姿を見ると甘えて身をくねらせ、ケージに頭をこすりつけます。

すると先生は、今まで聞いたこともない高く甘い声で応じました。「なーに、坊ちゃん。寂しかったの?」そして、これまた見たこともない自慢げな顔をして、私を見るのです。

「いやあ、すごいイケメンだこと。人間なら、和服でも粋に着こなす呉服問屋の若旦那って感じ。すごく知的で、上品な猫君」

「クロ坊、前田さんに褒められちゃったわよ」先生は、まるで自分が褒められたみたいに身をよじって喜びました。

A先生は患者の前ではいつもきちんとしているタイプなだけに、私は愉快でたまりませんでした。笑いをこらえながら、クロ坊の身体の管を指さしました。

「で、今日はクロ坊君、こんな管がついてどうしたんです？」

「あら、前田さんに話していなかったっけ……。クロ坊は腎臓が悪いのよ。様子を見ていて、家で皮下点滴だけじゃだめってときは、こうして病院に入院させているの」

言い終わると、先生はクロ坊の頭を撫《な》でて、ケージの扉を閉め、私たちは入院室を後にしました。

診察室に戻ると、先生は急にヒソヒソ声になって、耳うちしてきたのです。

「まだクロ坊には話していないのだけど……。年が明けたら、今のマンションから、病院近くのマンションに引っ越す予定なの。で、そのとき、クロ坊も連れて行きたい。半外猫生活から足を洗って、完全に室内の家猫にしたいと思っているわけ。だから、引っ越しする前にアニマルコミュニケーションで、クロ坊の気持ちを聞きたくて」

引っ越しまでどのくらいの猶予があるか聞くと、半年ほどと言います。「半年もあるなら急がなくてもいいですね。では、クロ坊君の体調が良くなったら申し込んでください」と答え、その日はそれで終わったのでした。

でも結局、その日が最初で最後の対面になりました。しばらくして回復したクロ坊は、家を空《あ》けることが多くなりました。その度に先生は心配していましたが、別宅へ行ったりしていて、3、4日経つと、ちゃんと帰ってくるのです。

そんなある日、先生からメールが来ました。

「前田さん、至急、クロ坊のセッションをお願いできませんか？　実は、もう1週間も戻りません。ここのところ数値が上がっていたので、また入院させなければと思っていた矢先でした。とても心配しています」

今までどんなに家を空けても、3、4日で戻ってきたクロ坊。嫌な予感がしていると、クロ坊の写真が送られてきました。写真を見た瞬間に、私は目を瞑ってしまいました。写真から出ているエネルギーが、生きている猫のものではなかったのです。

2日後のお昼休み、私は先生の病院がある駅に着きました。今思えば、通っていた学校の駅と様子が似ているのですが、その日の私は賑わいや華やぎも目に入らない気持ちでした。3年前の授業で聞いた老犬の話も、このときはまだ思い出していませんでした。クロ坊がこの世にいない事実を先生にどう伝えるかで、頭がいっぱいだったのです。

「こんにちはー」精いっぱい明るい声を装って病院に入って行くと、診察室から声がしました。「前田さんありがとうございます、どうぞ中へ」という声は、一緒に住んでいるという先生のお母さまでした。

2人は下を向いて座っていました。診察テーブルの手前側を指さし、お母さまが言いました。「今日はまた一気に寒くなって……。そんな中、クロ坊のためにわざわざ来ていただいて、ありがとうございます」

私は返事をしながら席に着きました。そのときチラッと先生の方を見ましたが、いつもならニコッとしてくれる先生は下を向いたままです。その姿は小さく見え、まるで母親に付き添われた幼子のようでした。

その様子を見て私も余計に苦しくなり、早口でクロ坊の印象を話しました。「とても賢くて、人をよく観察していますね。その人に合った対応の仕方もできる猫で、他の猫との間の取り方も上手だと感じます」

2人は首振り人形みたいになって頷いていましたが、「あ、A先生のことは、まるで相思相愛の恋人みたいに、下の名前で呼んでいました。Kちゃん、て」と続けると、先生はワーッと泣き出してしまいました。

「私が娘を呼ぶときの言い方なので、クロ坊に間違いありません」お母さまは、先生にハンカチを渡しながら言いました。

「で、クロ坊は生きていますか？」

私はこのときのことを、今でもはっきり覚えています。唇がくっついたように乾いて、なかなか声が出ませんでした。「……残念ながら」と言うと、先生はまた泣き出してしまいました。

私は早く話して終わらせたい気持ちになっていました。先生が落ち着くのを待って、「帰ってこなくなったという朝の時点から、リーディングしてみました。マンションの近所と感じます。大きな敷地の家です。ぐるっと敷地に塀が張り巡らされた感じの……。そして敷地内に、祠《ほこら》かお稲荷《いなり》さんのようなものがあると感じます。小さな神社みたいなイメージです。クロ坊はその下に入り込んで、最期を迎えたと感じます」と、一気に告げました。

私が話し終わると、2人は気持ちを確認し合うように、しばらくお互いの顔を見ていました。

先生が小さく頷くと、お母さまが口を開きました。

「Kちゃん。もう諦めないとだね」

聞けば、リーディングの通り、すぐ近くに大きな敷地の地主の家があって、裏手の塀の一部が破損しているそうです。中には立派な稲荷の社《やしろ》があり、クロ坊は、時々そこに行っていたというのです。でも猫の亡骸《なきがら》を確認するため、付き合いのない家に、稲荷をどけてくれとは頼めません。


病院を出ると、冷たい北風が頬に吹きつけてきましたが、私はまだ診察室の中にいる気持ちでした。先生の質問が繰り返し聞こえてくるのです。

「私がクロ坊に夢中だから、面白くない気持ちのミーやトントン（先住猫）に、なにか文句でも言われて出ていったの？」

「いいえ、そんな感じはしませんでした。ボスをやっていたので、女の猫の扱いというか、接し方は慣れていると感じました」

お母さまは頷いていましたが、先生は頷きませんでした。

「じゃあやっぱり、私たちが新しいマンションへ一緒に行ってと頼んでいたことが、負担だった？」

「いいえ。それは、すごく喜んでこう言いました。『俺みたいな、風来坊の猫にそこまでしてくれて、本当に嬉しいよ。そして、すごく残念だよ。一緒に行きたくても、引っ越しするまで、この身体は持たないと思う』って」

いつも穏やかな先生が、強い口調になりました。

「新しい家に行けないくらい弱っていたなら、家に戻って私たちに看《み》取《と》らせてくれたっていいじゃない。なんで独りぼっちで、すぐ近くの他人の敷地に行って、わざわざ手の届かない場所で死ななきゃいけなかったの？」

「……これに関しては、クロ坊から伝わってきたことを言葉に置きかえるのが、とても難しいです。クロ坊はもちろん、先生のことが大好きでした。でも私が、『なぜ家に帰らないの』と聞いたら、それまで瞑っていた目を開いて、こちらをじっと見てきたのです。そして、『Kちゃんはいつかきっとわかってくれるときが来るけれど……今は、これが野良の風来坊のやり方と思って。勝手をしてごめんと伝えてよ』そう言うと、身体を丸めて眼を閉じてしまったのです。それから、クロ坊のエネルギーは一気に離れてしまいました」

「そんな……。クロ坊は、私になにを言いたいの？」

こう聞いてくる先生の言い分はもっともですが、クロ坊は目に思いを込めた感じで、内容を明かしてはくれなかったのです。

クロ坊はなにを伝えたかったのだろう……そんなことを考えながら、私は賑わう駅に着きました。

改札を通過した瞬間のことです。切符を検知するカチャッという音が引き金のようになって、急に3年前の授業のことが思い出されたのです。

(そうか、クロ坊もあの犬と同じなんだ) 私は心の中で呟いていました。


それ以来、私は病院へ行くと先生の様子を注意深く見るようになりました。クロ坊がハッキリ言葉にしなかったことに、意味があると思ったからです。クロ坊は、先生自身でそのことに気づいてほしいのです。

最初のころ先生は、クロ坊の話をすることさえ耐えられない感じでしたが、2、3カ月経って新しいマンションへ越すと少しは気持ちが落ち着いたようで、時々、自分から話をしてくれるようになりました。

「しょっちゅうここに入院していたから、今も入院室にいるような気持ちになって、見にいっちゃうときがあるの」そう言いながら、先生の瞳はみるみる涙でいっぱいになるのでした。

我が家の猫の診察が終わって、猫の柔らかいお腹に私が顔を押しつけたときには、「私もクロ坊によく顔を押しつけていたっけ。あの子外にいたのに、すごく良い匂《にお》いのする猫だったから」と言って、「クロ坊のこと考えたら、やっぱり、なんで、なんで帰ってきてくれなかったのと思ってしまって……そう思ったら涙が止まらなくなるの」泣き笑いのような顔になることもありました。

そんなある日のことでした。肌寒さを感じる季節だったので、クロ坊の報告から1年近く経っていました。病院に入った途端、雰囲気が違うと感じたのです。いつにもまして、温かで柔らかい感じがするのです。

院内を見回すと内装に変化はありません。なにも変化はないのに、密度が増したような感じもするのです。でもその日は空《す》いていて、待合室には患者さんが3名しかいません。「先生、新しいスタッフでも入りました？」と聞いたところ、先生はうちの猫に注射をしながら、チラッと私の手元に目をやりました。

「新人さんが増えたら、こんなふうに、猫ちゃんの保定（どうぶつを治療するときに動かないように押さえておくこと）を飼い主さんに頼まなくてもいいのにね」

「そうですよね」と笑い合っていったん話は終わりましたが、今度は入院室が気になるのです。

「たくさん、入院しているんですか？」と聞くと、先生は、今日はどうしたの？　という表情になりました。

「珍しく、今日は誰も入院していないけれど」

そのとき私は、クロ坊のことを思い出していたわけではないのですが、口が勝手に動き、こう言ったのです。

「クロ坊が帰ってきてくれたんじゃないですか」

声に出してみると、それは確信に変わりました。

「先生のこと、入院室から嬉しそうに見守っていると感じます。今思えば、入院しているときから、先生がどんなふうに診察しているか、今どんな気持ちなのかを感じ取っていたのでしょうね」

そのころの先生は、クロ坊の話をしても泣かなくなっていましたが、このときは目が潤んでいました。

「本当！　クロ坊がいてくれるなんて、とても嬉しい」

その次に病院へ行ったときのことです。診察が終わると先生は、「前田さん、ちょっと待ってて」と言って、私が初めてクロ坊に会ったあの日のように待合室を見にいきました。その日は薬を貰いにきている患者さんだけだったので、手早く応対すると、先生はイソイソと戻ってきました。私はクロ坊の話だとわかっていたので、椅子《いす》に座って待っていました。

「この前の続きね……。私は前田さんのようにクロ坊の声を聞いたり、気配を感じたりはできないけれど、一つだけわかったこと、変わったことがあるの」

私は、期待を込めて頷きました。

「前田さんだから言えるけれど、私はこういう仕事（獣医）だし、こういう（几帳面な）性格でしょう」

先生のきちんとした性格はよくわかっているという顔で、私は頷きました。

「今まで飼い主さんから、『うちの猫が家を出たきり帰ってこない』という相談を受けたりするとき、自分のどこが悪かったの、なんで帰ってこないのって泣く飼い主さんを見て、もちろん表面上は『そんなことないよ』と言ってきたけれど、心のどこかで、あなたが安易に外へ出すからいけないんじゃないとか、いろいろ思っていたの。それが今は、そういう飼い主さんに、心の底から寄り添えるようになった」

先生は指で診察テーブルの縁をなぞりながら話していました。テーブルに、涙が落ちてきました。

「それはすごいですね。言うのは簡単ですが、自分より社会的に弱い立場の人たちを心の底から思いやるのは、すごく難しいことだと思います」私は言いながら立ち上がり、ティッシュの箱を取りました。振り向いて、息を呑《の》みました。先生が涙を拭う肩と手のラインに寄り添うようにして、クロ坊のシルエットがありました。嬉しそうな様子で、先生を見ているのがわかります。

正直に言えば、私はこの瞬間まで、どうぶつが人のために命を投げうつことがあるということに疑念を持っていたのだと思います。でも、目の前でこんな奇跡を見せられ、心の底から実感できたのでした。

先生は涙を拭《ふ》くとニコッとして、「医者と患者じゃなくて……人間対人間としてって感じで。他の相談事も、そういう気持ちで聞いてあげられるようになった。だから今は、クロ坊に感謝しているの」そう、穏やかな声で言いました。

リーディングで、いつかわかってくれる日が来ると言って目を瞑り、静かに生を終わらせたクロ坊。その気持ちが胸に迫ってきて、私の目からも涙がボロボロと溢れ出てきました。

元野良猫のボスクロ坊は、自分に残された時間を捨てて、大好きなKちゃんを本物のどうぶつのお医者さんに成長させたのです。

体験談❼ A・Yさん ― 燿さん（MIX犬 ♀）―

動物愛護センターから生後1カ月の燿を引き取った当時、私たち夫婦はなかなか子供を授かりませんでした。

ですがその後、燿が12歳のとき待望の娘が生まれ、生活は一変しました。燿とゆっくり散歩もできなくなりましたが、とにかく育児に必死でした。

燿は次第にご飯を食べなくなり、呼んでも側に来なくなりました。こんな状況をどうにか変えたくてアニマルコミュニケーションを受けたのは、子供が10カ月になるころ……。

燿は、「お姉ちゃんがイライラしているのは、自分がいるからかなと思っている」と言いました。それを聞いて、私は自分のことばかりで余裕がなかったことが情けなく、燿をそこまで思い詰めさせていたことも申し訳なく、涙が溢れました。

どうぶつは無償の愛を持つといいますが、このとき、心から無償の愛を感じました。セッションが終わるころ、部屋の隅にいた燿が立ち上がり私たち夫婦の間に座りました。その顔は「やっとわかってもらえて、嬉しいよ」と言っているようでした。

それからは耀と2人の時間を短くてもつくり、毎日話しかけ、マッサージをして触れ合いました。それまでは散歩をしていると「犬までいて大変ねぇ」と言われることが多かったのが「まぁ優しそうなワンちゃん！　赤ちゃんと一緒にお散歩して、えらいですね」と言われるようになったのです。変わったのは耀ではなく、私だったということを、身をもって知りました。

産後、平日はいわゆるワンオペでの家事、育児、耀のお世話で、心の余裕を失っていました。アニマルコミュニケーションをして、話しかけることの大切さを知りました。今は心の余裕がないの、つらいの、と、我慢せず正直に話して良かったのです。

15歳で燿は旅立ち、数カ月後にセッションをお願いしたとき、燿は家族として愛されて、今、光り輝いて幸せと知りました。そしてまた、いずれ私たちのところに来てくれるということも……。

アニマルコミュニケーションで、私たちと燿の暮らしは豊かなものになりました。今も燿のことを思うと、その圧倒的な愛に心が満たされ涙が溢れます。私を成長させてくれた、大切な大切な私の妹で、師でもありました。

燿の心の声を私たちに届けてくださった理子さんに、本当に感謝しています。

どうぶつも同伴の対面セッションでは、気持ちをわかってもらえたどうぶつたちの行動や、目に見える外見の変化に、私たちの方が驚くことがあります。燿ちゃんの毛がふわっとなって、笑った顔になり、ご夫婦の間に入っていったときのこと……今も、私の目に焼き付いています。

4章

どうぶつたちの前世と転生

さすらいの一生を卒業した猫

どうぶつたちの心の声を直に聞いて彼らの思いやりや温かい心に触れるうち、私の心の中に、ある思いが湧いてくるようになりました。それは主に、外で暮らす「野良猫」と呼ばれる猫たちに対してです。彼らは野良猫として生まれ、人知れず一生を終えることを、どう感じているのだろう。彼らと関わる私たちは、どうしてあげることがいいのだろう？　なにがなんでも保護することが愛護なの？　必要な医療的処置をしたら見守る。でも、それだけでは無責任といえない？

……ひとたび考え始めると、次から次へと疑問が湧いてきて、答えが出ないまま、堂々巡りになるのでした。

そんなある日、私は近所で見かけない猫と会ったのです。出会い頭《がしら》に驚いて逃げていったのですが、痩せて汚れ、どう見ても野良猫という感じでした。素性や居場所が気になり

ましたが、怯《おび》えた様子で、人慣れしていません。そこで、この界隈《かいわい》のボス猫、通称「ボスK」に聞いてみようと思いました。ボスKは、猫好きではない人にまで一目置かれるような猫でした。人間みたいに利口だけれど偉ぶらず、縄張り外の猫にも優しく接します。自分の餌場《えさば》に連れてきて、自分は脇で待機し先に食べさせてやったりするのです。そんなボスKは、当時の私にとって、知恵袋みたいな存在でした。

「ああ、茶白の痩せっぽちの若造のことかい……。奴は、ここが縄張りじゃない。奴らは〝さすらい猫〟さ。だから、居場所は決まってないのだよ」と、ボスKは言いました。

「さすらいってどういう猫?」と聞くと、「弱い猫、1人（1匹）きりで生きる猫」と言うのです。

「大人になった猫はみんな、1人きりで生きていくのじゃないの?」

ボスKは、人間ときたらまったくなにもわかっちゃいないという顔で、私を見やりました。

外で暮らす猫たちは普段、耳と、髭《ひげ》、そして足裏で感じる振動から、他の猫と鉢合わせしないよう調整しているのだそうです。それは1人で生きたいからではなく、平和主義の猫たちが、争いを避ける知恵なのでした。空き地で開催される猫の集会に参加した顔見知りや、気の合う猫の気配を感じたときには、進んで挨拶《あいさつ》しにいきます。並んで日向《ひなた》ぼっこをし、毛繕いしながら情報交換をするのです。

さすらい猫とは、そんな仲間も持てない猫。彼らはすべての者を避けながら、ひっそり孤独に生きるのだそうです。


ボスKは、思い出したように続けました。

「さすらいの奴らはきっと、そうなる必要があるんだな」

私はなるほど、と頷きました。誰もが前世のカルマを今世では解消すべき課題と設定して、適切なところへ生まれてくるのです。

ボスKは、私が猫と深く関わりたいのをよく知っていましたから、自分が発した言葉の効果を確認するみたいな表情で、話を聞いていました。私が話し終えると、ボスKは、まるで人間が肩をすくめるみたいに首を縮め、背中を弓なりにそらしました。猫がこういう動作をするのは、話題を変えたいか、相手の話に興味を失ったときです。

「人間は前世だのカルマだの難しい話が好きだな……」ボスKは大きな伸びをひとつしました。

「確かなことは、奴らのような猫がさすらいを早く卒業するには、あんたら（人間）の助けが必要ってことさ。そういう役目は、人間にしかできない」

「助けって、どんなことをすればいいの？」

「気持ちを汲《く》んでやってほしい。言っとくが、単に憐《あわ》れんだり、管理するってことじゃないよ、汲むってのは」

その当時の私は、ボスKがなにを言わんとしているのかまったくわからなかったので、食い下がりました。

「もう少し具体的に言ってくれないと、わからないわ」

ところがボスKは、ちょいと脇腹《わきばら》を舐《な》めると、振り向きもせずに行ってしまいました。自分で体得しないといけないとき、彼はいつもこんな態度なのです。

時を同じくして、以前から何度か利用してくれているYさんという方から相談が入りました。

Yさんが横浜の元町に構えている事務所の近くに外人墓地があり、捨てられて増えた猫がたくさん住み着いていていました。Yさんが、そんな猫たちの面倒を見ているのも、彼女から聞いて知っていました。でも、いつの間にか事務所が保護した猫のケージに占領されているのは、その日の相談で初めて知ったのでした。

「もう、今じゃ、猫のためだけに仕事しているようなものよ」と言って笑い飛ばすYさんは、竹を割ったようにサッパリした気性で頭の良い人です。だけど相談してくる電話の声は合唱団の少女のように可愛くて、私はいつもそのギャップに驚くのでした。

そんなYさんの相談は、まさにさすらいの代表みたいな猫のことと言うのです。Yさんはその猫を「キョロ」と呼んでいました。

初めてキョロを見かけたのは、かれこれ4年も前のこと。オドオドした様子で、Yさんが用意したご飯場所を、遠巻きにのぞく猫でした。

（パッチワーク柄の綺麗な三毛だけど、ここら辺では見ない若い猫ね）そう感じたYさんは、猫の腹部を確認しました。案の定、授乳中のお乳をしています。

「あなた、赤ちゃんがいるのね。なら、お腹空いているでしょう。ここへ来て、ご飯を食べなさい」

そう声をかけただけで、キョロは殴られでもしたように驚いた顔になって、逃げて行ってしまいました。

その日から、Yさんは事務所の外にご飯を用意しました。人慣れしていない猫は、こうして外に器を置き、少しずつ慣らしていくのだそうです。当初キョロは尾を巻いて座り、上目遣いで見ているだけでした。大きな目をいつも見開いた感じにしているもので、Yさんはギョロと呼ぶようになりました。

「ギョロ、ここに置いておくから食べなさいね」そう言って器を置きます。

10日くらい経つと、Yさんが事務所に入ると飛んできて、食べるようになりました。ガツガツと食べる痩せた背中を見ていたら、Yさんの心に火がつきました。絶対、子猫も助けてあげたいと。

警戒心が少し和らいできたころ、名前はキョロに変更しました。どうも、ギョロと呼ばれるのがお気に召さないようだと気がついたのです。とても利口で、Yさんが声をかけると必ず反応するのです。その証拠に、キョロに変更したらこちらを向くようになり、そうなるとYさんも嬉しくなって、何度も名前を呼びました。

そんなある日Yさんは、キョロにこう言ってみました。

「ねえ、あなたの赤ちゃんの居場所、そろそろ教えてくれてもいいんじゃない？」

その誘いを待ってでもいたように、キョロはすっと立ち上がって歩き始めたのです。

Yさんは、しめたと思ってついて行きました。

ところが、大体この辺りに子猫を隠しているかもと目星をつけたところへ来ると、キョロの姿は見えなくなってしまったのです。焦って探していると、「カウカウ」と、子猫を招集する声が響いてきました。間違いなく、キョロの声でした。

「まだ私の大事な赤ちゃんを見せるほど、あなたのことを信用していないの」彼女は、そう言いたかったのでしょう。キョロの気持ちに従い、Yさんは辛抱強く待つことにしました。


それから1カ月ほど経ったある日、Yさんが事務所で仕事をしていると、キョロの鳴く声が聞こえてきたのです。Yさんは雷に打たれたように外へ飛び出していきました。あのときと同じ、子猫を招集する独特の鳴き方だったからです。

事務所の外には、子猫を口にくわえたキョロが待っていました。ちょうど可愛い盛り、生後1カ月くらいの子猫たちです。

「キョロ、嬉しいよ！　とうとう連れてきてくれたのね」志望校に合格した受験生のように、Yさんは小躍りして喜びました。その日のうちに子猫は全頭保護し、子猫が巣立った後、キョロは不妊手術を受けたのでした。

子育てから解放されたキョロは、事務所の通い猫になりました。いつもそっとやってきて定位置でご飯を食べ、事務所の中で過ごします。そんな関係が3年半続いても、依然としてキョロとは距離がありました。片付け始めると、急いで出ていこうとするのです。

「こんなに寒いんだから、中にいればいいのに」1カ月ほど前の夜、Yさんはそう言いながらドアを少しだけ開けました。いつも家に連れて帰りたいと思うのですが、キョロの気持ちを大事にしてやりたかったのです。

(外に行かないで) Yさんはそう心の中で呟《つぶや》きましたが、キョロはその夜も、ドアの隙間《すきま》に頭を押し込みました。

Yさんがドアを全開にしてやると、キョロの背中の三毛模様は暗闇《くらやみ》に吸い込まれ、あっという間に見えなくなってしまいました。

その日を最後に、キョロは姿を見せなくなりました。Yさんは仕事も手につかなくて、普段はキョロが行かない方まで捜し歩きましたが、なんの音沙汰《おとさた》もありません。

「キョロを思うと、胸がギューッと締め付けられるように痛むの」

電話の声は、Yさんと思えないほど沈んでいました。以前違う猫の相談を受けたとき、Yさんは心臓に疾患を抱えていると本人から聞いていました。胸が苦しいと言う彼女の体調が心配で、私はすぐにリーディングを行ったのです。

Yさんから預かった、控えめな様子で座るキョロの写真を両手で包み、Yさんの住所と名前を3回唱えました。それから、リクライニングチェアに身体を沈めます。こうしてリラックスし、対象のどうぶつのエネルギーが来るのを静かに待つのです。

預かったのは、写真嫌いなキョロが唯一カメラ目線をくれたという貴重な写真でした。人を寄せ付けない猫なのに、Yさんを慕う気持ちが瞳に滲んでいます。せっかく信頼できる人ができたのだからと話しかけると、返事がありました。

「ごめんなさい。心配かけて、本当にごめんなさい」

「そんなに謝らなくていいのよ。でもなにがあったか教えてほしいな」

私は嫌な予感でいっぱいになっていましたが、ここで動揺したら、正確なリーディングができなくなってしまいます。気持ちを落ち着かせて、聞きました。

「寒いあの日の夜、事務所を出てからのこと、私に全部見せてくれる?」

日常が一瞬にして遠のく感覚の後、目の前に、白い幕がサッと下りてきました。その幕に、夜の公園の映像が浮かびあがります。レトロでお洒落《しゃれ》な外灯が、柔らかい光を地面に投げていました。外人墓地の先にある有名な公園ではなく、私の知らない、なんの変哲もない小さな公園のようです。

キョロは、公園の外に停車した車の下にいるようでした。猫の丸いシルエットがのぞいています。やがて車の持ち主が現れ、キーを差し込みました。キョロは慣れた感じで、車の後方に移動します。キョロの認識では、車は前に発進する物体でした。ところがその夜、車は後ろに下がったのです。

「ゴチッ」という鈍い音がしたと思ったら、私の顔の右半分に衝撃が走りました。気がつくと私は、キョロと一体になっていました。割れそうに痛む顔面を片手で押さえながら、ふらつく足取りで歩いているのです。頭から血が流れ、意識が途切れそうになります。朦朧《もうろう》とする意識の中にYさんの顔が浮かび、涙がこみ上げてきました。

それでも必死に前へ進むと、かすかに水の音が聞こえる場所に出ました。水があるのは下の方で、キョロと一体になった私は、排水溝の上を歩いているのでした。ここまで来たら事務所は近いと感じた瞬間、猛烈な息苦しさに襲われ、次にスーッと楽になりました。キョロの身体から離れた私は、横たわる彼女の身体を見ながら、静かな住宅街に立っていたのです。

結果を伝えると、Yさんはすぐに泣き出してしまいました。しゃくり上げる声も合唱団の少女のようなので、私は子供に意地悪を言っているような気分になりました。心臓には心配も良くないですが、こうして気持ちが急に昂るのも良くないでしょう。心も身体もなんとかせねばと、私はリーディングが間違っているかもしれないと言いました。

「人間のやることに、100%などないですから……」

するとYさんはさらにしゃくり上げながら、「前田さんが視たという公園は、地元の人しか知らない小さな公園なの。キョロは弱い猫だから、たくさん猫がいる外人墓地の方(その先に観光地としても有名な〝港が見える丘公園〟がある)には、怖がって行かない……ああ、行けなかったのです。だから、間違いないのよ」

事務所の目と鼻の先にある外人墓地にも行けなかったと聞いて、キョロがYさんと知り合うまでいかに孤独だったか……その深さが胸に迫ってきました。

「今から探しに行くわ。せめて、キョロを弔ってやりたい。亡骸《なきがら》はある？」

私は答えに困って、キョロの写真を取り出し眺めていました。あれから彼女の亡骸は、狸《たぬき》やカラスによって葬られたと感じていましたが、Yさんにどう伝えればいいかわかりません。

不思議なことが起こったのは、そのときです。写真の中のキョロが、どんどん小さくなっていくのです。疲れているのかと思い目をこすってみましたが、そうこうするうち、写真のキョロは、とうとう子猫になってしまいました。私は驚きながら、子猫のキョロに意識を集中させました。すると、明るい気分になってきたのです。

「Yさん、もしかして……あ、ちょっと待ってください」写真を両手で挟んで、さらに意識を集中させます。すると、子猫になったキョロから、弾むような声が聞こえてきたのです。

「今度は私の赤ちゃんのような、小さな子猫になって会いたい」

すぐに転生のことではないかと思いましたが、どうぶつの転生については、戸籍もなく共通言語もないことから、真の生まれ変わりと確認するのは難しいのです。また転生の最終決定は、この限られた世界、3次元にいる私たちの理解を超えた摂理によってなされるものです。

そこで何度も確認しましたが、キョロが発する気持ちの波動は、非常に強いものでした。お互いを思う気持ちが強く純粋であることは、再会の重要な要素の一つとなるでしょう。磁石に鉄が吸い付けられるように、お互いを思う気持ちが強い力を生じさせ、引き合うからです。

「キョロは子猫になって、また会いにくると言っていますよ」

Yさんのすすり泣きはピタッと止まり、「本当なの！　キョロが子猫になって帰ってきてくれるの！　そうなら私、きっと、いっぺんに（病気が）治っちゃうわ」弾む少女の声が戻ってきましたが、またすぐに萎《しぼ》んだ声になってしまいました。

「……でも、キョロは本当に怖がりで弱い猫だったから。ここに、ちゃんと帰ってこられるかしら」

Yさんの言うことが的を射ていたので、私はちょっと言葉に詰まりました。いくらキョロの戻る意志が強くても、資質的な弱さを克服できるのでしょうか……。

そのとき、脳裏にボスKの言葉が浮かんできたのです。

――確かなことは、奴らのような猫が、さすらいを早く卒業するには、あんたら（人間）の助けが必要ってことさ。そういう役目は、人間にしかできない。助けっていうのは、気持ちを汲むこと。言っとくが、単に憐れんだり、管理するってことじゃないよ、汲むってのは。

ボスKの言ったことが、ようやく理解できました。それまで私はどこかで、安全な環境で長生きすることだけが猫の幸せと思っていた節がありました。でも、そうではありませんでした。

キョロは一見幸《さち》の薄い猫に見えますが、その彼女に、さらなる不幸が降りかかって亡くなったのではありません。3年半、Yさんから十分気持ちを汲んでもらって過ごしてきました。キョロは、さすらい猫としての一生を生き切ったからこそ卒業していったのです。

「さすらいの奴らはきっと、そうなる必要があるんだな」こう教えてくれたボスKの言葉を私流に解釈するなら、さすらい猫を生き切って卒業したキョロには次の生が用意され、そのときのキョロは、Yさんの知るキョロの性格と同じである必要はないのです。

私はボスKから聞いたことを、Yさんに説明しました。

「キョロは必ず帰ってこられますよ。それにもう、弱い猫は卒業したのです。次は、とびきり威勢のいい子猫になって、外人墓地でYさんを待っているかもしれません」

体験談❽ T・Hさん ―キー君（MIX猫 ♂）―

5年数カ月を共に過ごした運命の猫キーは、敷地内にご飯をもらいにくる野良猫でした。アメショー（アメリカンショートヘア）のような焦げ茶色で渦巻き模様、丸顔でハンサムな雄猫でした。

当時は推定1歳くらいの若猫で、それから室内飼いになるまで広大な縄張りを持つボス猫でもありました。

ある日、必ず帰ってくるキーが帰ってこなくなりました。探し回っても手掛かりがなく途方に暮れていたときに目に留まったのが、アニマルコミュニケーションです。「猫と会話する？」半信半疑でしたが、藁をもつかむ気持ちでした。

驚いたのは、前田さんの報告が、「おいらは……」から始まったこと。思わず「えっ？今なんと言われました？」と聞き返しました。

「この子、自分のこと『おいら』って言っています」と前田さん。

いつも妹と「キーは自分のこと、絶対『おいら』って言ってるよね」と話していたので

すが、そんなこと前田さんに話していないのに……。もうびっくりでした。そして、報告の翌日に、2週間ぶりにキーが帰ってきてくれたのです。

　その後、エイズと白血病を抱えながらも、キーはその都度乗り越え、最期は私たち家族が看取る中で、天に還《かえ》っていきました。前田さんには、闘病の要所要所でお世話になりました。

　今では、キーは私に「愛」とはなにかを教えるためにやってきてくれたのだと、そして、嬉しいことも悲しいこともベストのタイミングで起こり、そのすべてが自分たちにとって必要なことだったと思えるようになりました。今は、キーが残してくれた4匹のファミリー猫たちと、キーが導いてくれたもう1匹の保護猫と暮らす楽しい毎日です。

「どうぶつたちはみな、私たち人間と同じように豊かな感情と個性を持っている。そのことを知ってあげることは、どうぶつたちにとっても私たち人間にとっても、素晴らしいことに繋がる」

そう教えてくれたアニマルコミュニケーションが、どうぶつや人間の幸せのために、ますます広がっていきますように。

キー君からは、ボス猫としての孤独や覚悟。彼が愛して、T・Hさんに託したファミリー猫たちからは、どうぶつの家族の愛と結束、巣立ち、独立、別れ……と、本当にいろいろなことを学ばせてもらいました。

愛を知るために来た猫

愛するペットの前世は、どんな姿で、どのような生涯を送ったのだろう。そしてそのとき、自分も一緒にいたのだろうか……。

どうぶつと暮らす人なら、一度はそんな思いにかられたことがあるかもしれません。

実際私のところへも、ペットの前世に関するお問い合わせは、かなりあります。

そういった依頼を受けるかどうかはアニマルコミュニケーターそれぞれの考えによりますが、私はこんなふうに考えています。

どうぶつの前世は、人間と共通の言語がない上に、戸籍を含め過去の記録もないことから、人間以上に判別が難しいといえます。また自分の容姿、環境についての他者との比較や執着が、どうぶつたちにはありません。今に集中して生きているともいえます。そんな彼らですから、前世を覚えていないことも多く、仮に覚えていたとしても、前世を聞くのがブームのようなスタンスで聞いたりすると、彼らの純粋な意識に撥《は》ねられてしまうこともあるのです。

大事なのは、前世からなにを持ち越し、今の悩みや問題行動に、その持ち越しがどう関わっているか。今世でどうすれば、その持ち越しを解放できるかなのです。

開業してから少しずつ気づき始めたのですが、今抱えている悩みや問題に前世が強く関わっているときは、あえて聞かなくとも、前世の情報は出てきます。そしてそれはたいてい、一見前世とは関係ない問題行動として現れることが多いのです。

ペルシャ猫のオールの抱える問題が、まさにそうでした。ペルシャ猫は長毛種の代表と言ってもいい純血種の猫で、「オール」とはフランス語で、「ゴールド」という意味です。ペルシャ猫の毛色は他にもありますが、ゴールド（実際は明るいブラウン）は、穏やかで温和な個体が多いといわれています。

ところがオールは、穏やか、温和とはほど遠いというのです。

電話の向こうで、「猫好きなら一目見たいような純血種の猫が家には4匹も揃《そろ》っているの」と、Yさんは言いました。中でもオールは、Yさんがとりわけ惚《ほ》れ込んだ猫でした。行き先が決まっていたオールに倍の値段をつけ、すんでのところで手に入れたというのです。そこまでしたのですから、Yさんとしては当然、撫でたり、膝に乗せたりしたいのです。なのに膝に乗ってくれたことはおろか、抱っこもできません。いつも離れたところにいて、Yさんと他の猫たちを、白けたような目で見ているのだそうです。

「長毛猫にありがちな、クールな性格ではないですか？」と聞くと、電話口の声は、即座に否定しました。

「いいえ。人前に出ると、興奮して怒りだします」

オールは、ペルシャ猫の中でも、素晴らしい血統だそうです。Yさんはキャットショーで称賛を浴びる日を夢見ていたのですが、念願叶《かな》ってお客さんの前に出た途端、オールは激しく怒り出してしまったのです。

「普段あんなにシラーッとしているのは、なにか不満があるからでしょうか？　オールは、私がこんなに愛しているのがわからないのでしょうか？　猫の晴れ舞台のショーなのに、興奮して怒り出すという恥さらしなことをしたのは、なぜでしょうか？　ああ、まだあります。ご機嫌を取ろうと思って買ってきた、猫じゃらし。長い紐《ひも》の先に羽根がついた感じで、猫なら喜ぶと言われました。でもオールは、猫じゃらしに向かっても怒るんです」と、Yさんは今まで溜《た》まっていた思いを吐き出すように話したのでした。

リーディング用に送ってもらった写真のオールは、ふさふさのマントをまとった、王族のような猫でした。私はその写真に何度も話しかけたのですが、一向に動きがありません。リーディング時、無口な犬や猫は話し出すまでに時間がかかるものですが、その感覚とは明らかに違います。

不安を感じながら集中を続けていると、やがて「フレンチスタイル」という言葉と共に、白いサイドボードが浮かんできました。レースのような装飾や彫りがほどこされている、豪華なアンティーク家具です。フカフカのソファーとそのサイドボードで遮られた狭いコーナーが、オールのお気に入り場所のようです。

感じ取れたのはそれだけで、そこからまた動きがなくなりました。こんなことは初めてだったので、内心私はうろたえましたが、ふと、ベテランのアニマルコミュニケーターから聞いた話を思い出しました。アニマルコミュニケーションは波長で通じ合うものだから、やはり相性の良し悪しがあると……。

そこで、こう聞いてみました。

「なにも喋ってくれないのは、私のことが気に入らないから？」

すると長い沈黙の後、小さな呟き声が聞こえてきました。

「……ちがう」「ではなぜ喋ってくれないの？」

返事がありません。

「ママにも、今と同じような態度なの？」返事までの間合いがやや短くなって、「……そうだ」。

結局その日のアニマルコミュニケーションでは、「ちがう」と「そうだ」という2通りの返事しか聞けなかったのです。

「ああ、良かった、オールは私を嫌いじゃなかった。サイドボードの感じと置き場所も、我が家のリビングそのものよ。オールのお気に入りの場所で、いつもそこにいるの」

報告したとき、Yさんからそんなふうに言われて、内心私は拍子抜けし返事に困ってしまいました。依頼の際に電話口で感じたYさんの人柄は、特別なものが好きという印象でした。話し方からは、自分が支払った金額に見合った対価を、強く要求するとも感じていました。なので、当然今回の結果には不満だろうと思っていたのです。なにしろオールは、イエス、ノーしか答えてくれなかったのですから。

それが、とても満足そうなので拍子抜けしたのですが、やはり一言お詫《わ》びをお伝えしておこうと思いました。

「何を聞いても、私にはイエス、ノーしか言ってくれなくて……なんだか申し訳ないです」

ところが、この後発されたYさんの言葉で、彼女が気分を害さなかった理由が判明しました。

「あら、キキさん（屋号が「キキのテーブル」なので、彼女は私を「キキさん」と呼びました）は、上等よ！　今まで頼んだ人はみんな、まったくなにも聞き出せなかったのだから」

聞けば今まで、どうぶつの通訳であるアニマルコミュニケーターよりも高級な人間の霊能者に、ものすごい金額を払って依頼していたと言うのです。

Yさんの話を聞いて、私の方が気分を害してしまいました。アニマルコミュニケーターより人間の霊能者が高級という考え方が、理解できなかったのです。人間が高級という考え方でいくと、どうぶつは低級ということになります。思考はその人の態度に出るものですから、頻繁に「愛している」と言うYさんの愛は、いったいどんな愛なのだろう……私が思う愛とは相容れない、と感じて、Yさんの人柄にも疑念を感じ始めていました。

「キキさんの前に頼んだ霊能者は、無能の極みだったわ。オールは魔法をかけられたライオンだとか、意味不明なことばかり」

Yさんがそう言ったとき、私のそんな思索は吹き飛んでしまいました。

オールに、なぜキャットショーで怒ったのかと聞いたときのことが蘇《よみがえ》ってきたのです。その質問にも彼は沈黙していましたが、聞いた瞬間、なにか野生の獣の咆哮《ほうこう》に似た声がしたように感じていたのでした。

それから3カ月ほど経ったある日のことです。

携帯電話が突然鳴りました。リーディング中は集中が途切れてしまうので出ないのですが、その日はちょうど、良いタイミングでした。もしもしと言う声にかぶせるようにして、聞き覚えのある声がしました。

「前田先生、Yです。その節はありがとうございました。あれからオールの態度は柔らかくなって、私を好きになってくれました。先生のおかげです」

いきなりそんなふうに言われて、私はまた返事に困りました。まず、いきなり電話をしてくるお客さんは、リピーターの方でも皆無です。私のことを先生と呼ぶ人もいません。

そして〝おかげ〟と言われても、私はイエスかノーを伝えただけでした。それだけで問題が解決するなら、アニマルコミュニケーターはみな苦労しないでしょう。

返事に困っている間に、Yさんの話は進んでいました。

「実は2週間前、オールにがんが見つかりました。恐ろしく進行が早いとかで、昨日医者から、もう手の施しようがないと言われました。嵐のような2週間で、私は毎日、まだ4歳にもなっていないオールがなんで！　と思うと悔しくて……。先生、オールが今なにを思っているか聞いてください」

そこまで話すと、Yさんは今夜の都合はどうかと言うのです。

「好きになってもらえて、良かったですね。ずっとしたいと思っておられた、膝に乗せたり、抱っこしたりはできるようになりましたか？」

そう聞くと、声がぶっきらぼうになって、それはこれからだと言います。

「3カ月前の調子が良いときでさえ、イエスかノーでしか答えてくれなかったオール君です。人間に対して今も同じ態度なら、話は無理かもしれません。私たちだって具合が悪いときは、話すのが億劫《おっくう》になりますからね」

するとYさんは、それでもいいと言いました。一言でもいいから、愛するオールの生の声が聞きたいと……。

コンタクトを取るとすぐに、以前伝わってきた豪華なリビングが浮かんできました。続いて、フカフカのソファーも出てきました。その瞬間、私は驚いて声を上げそうになりました。ソファーの上には、オールが四肢を投げ出し横たわっていたのです。前は狭いところにいて動かなかったのですから、それだけで驚きでしたが、さらにその身体に重なったり離れたりしているピューマの姿が視えてきたのです。

脳裏に、以前のセッションで聞いた微《かす》かな咆哮や、霊能者が視たというライオンの話が浮かんできました。野生どうぶつは人と暮らすペットとは違いますし、それまで私は、野生どうぶつとコンタクトを取ったことがなかったのです。

「こんにちは。またお話ししに来たの。あなたは、オール君ですか？」

私は自分に向かって（落ち着いて）と言い聞かせながら、質問しました。

するとピューマは顎《あご》を上げ、そんな私の様子をじっと眺めていました。やがて頷くと、静かに言いました。

「怖がる必要はない。ワタシの身体には、もう人を傷つける力は残っていない」不思議なことに、その一言で私の中の不安や恐れは、霧が晴れるように薄れていきました。こうして話して、オールの意識や身体が限界に近いので、ピューマのころの意識を前面に出すことができたと伝わってきたからです。

「あの、人を傷つける力が残っていないなら、Yさんがあなたを触ってもいい？」

「ああ」今回は即答でした。最初からYさんが喜ぶことを聞けて、私は勢いがついた気持ちでした。「Yさんはあなたがその若さでがんになったこと、とても残念で悔しい――」

こう言った辺りで、今までの空気がガラッと変わり、目の前に映画のスクリーンのような白い幕が下りてきました。経験から、こんなふうになるときは映像に切り替わるのです。

Yさんに正確に伝えられるようにと思っていると、周りで歓声が上がりました。


驚いて周囲に目をやると、周りは赤毛や金髪の人ばかりでした。みな興奮していて、前方を向き、口々になにか叫んでいます。前を向くと、円形の大きな舞台があり、その中央に、先ほどのピューマが座っていました。派手な衣装と化粧を施した大柄な男が、ピューマに向かって命令口調でなにかを言い、言い終わると長いムチで床を叩きつけるのでした。ピューマは重そうな鎖で繋がれていましたが、その鎖を引きずりながら小さな台に上ったり、2本足で立ち上がったりしています。その様子から、質《たち》の良くないサーカス一座という感じがします。やがて、お決まりの火の輪くぐりが用意され、けたたましくシンバルが鳴らされました。そのシンバルの音に驚いたピューマが逃げようとし、その方向が客席寄りだったことから、騒然となりました。ピューマはこっぴどく殴られ、小さな猫のように身体を縮めて耐えていました。それでも口だけは精いっぱい開け、「シャーッ」と、威嚇をしています。

場面が変わり、銃で頭を撃たれるピューマの映像が出てきました。失敗ばかりして言うことを聞かない大食漢は処分されて当たり前、一瞬ですむ方法を取ってもらえただけマシだと男は言い、動かなくなったピューマの身体を足で押しやりました。

ピューマとしての肉体は死を迎えたのですが、意識は自由になったからでしょうか……ピューマの後頭部から今のオールへ繋がっていく映像が流れてきました。不思議なことですが、それは感じる、伝わってくるという感覚ではなく、スクリーンに映像が映し出され、まるで映画を観賞するように、視せられるのでした。

視ている最中でしたが、喉にものすごい渇きを感じました。すると私は一瞬で我が家の部屋に戻ってしまいました。喉の渇きは私の肉体の限界を知らせるサインで、現実の世界へ引き戻されたのでしょう。それでも、Yさんに報告するのに十分な情報量を得られました。

Y家に迎えたときオールを一度だけ抱っこしたという写真を眺めながら、私は電話をかけていました。パティオのような場所でYさんは微笑んでいます。彼女の背後に、見事な薔薇《ばら》のアーチが見えます。友人でも呼んで、やっと手に入れた自慢の子猫を見せるところだったのでしょうか。Yさんは、高価そうな花柄模様のエプロンをしてオールを胸に抱き、誇らしそうに微笑んでいます。咲き誇るダリアの花を思わせる、あでやかな感じの女性でした。都内で飲食店を経営し、パティオのついたメゾネットタイプのマンションで、高額な値段で購入した猫たちと、優雅に暮らしているのです。そんなYさんに、これから、無能で低級なアニマルコミュニケーターと言われるのかと思うと、私は楽しい気分にはなれませんでした。それでも、視えたことを正直に、できるだけ正確に伝えるしかありません。

最後まで話を聞いてほしかったので、こんなふうに前置きをしました。

「今からお話しすることは、私が視たオール君の前世と思われるものです。前世と言っても、私とYさんでそこへ戻って一緒に確認し、本当にオール君なの？　と確認する手立てはありません。確認できない以上、合っていると断言はできませんが、インチキだとも決めつけられません。ですから、内容がYさんの腑《ふ》に落ちるかどうかで判断してほしいと思います」

そんな話は聞きたくないと言われるかと思いましたが、Yさんは黙っていました。そこで思い切って、結論を先に話してしまうことにしました。

「前世のオール君と思われるのは大型の野生のピューマで、頭を銃で撃たれて亡くなっています」

すると電話の向こうで、息を呑むのがわかりました。

「信じられないですよね」

「いいえ、信じます。先生、オールは脳腫瘍《のうしゅよう》なのです。それも頭の深いところにできていて、すごいスピードで大きくなる、性質《たち》の悪いがんだと言われました」

これには私も内心驚きましたが、腫瘍の部位が合致したおかげで、この後の説明が一気に楽になると喜びました。少なくとも、「不確かな前世の話なんて持ち出す低級なアニマルコミュニケーター」とは言われなくてすみそうです。

「今のオール君がいつも狭いところにいるのは、檻《おり》のような場所に閉じ込められていたからです。キャットショーで、たくさんの人前に出た瞬間怒り出したのは、虐待を受けながら芸を強いられた状況がフラッシュバックしたからでしょう。長い紐の猫じゃらしにさえ怒るのは、打たれていたムチを思い出させるからです」

ここで初めてYさんが口を開きました。

「そんな前世だったオールが、全然違うペルシャ猫になって……どうしてうちへ来たのでしょうか？」

「ええ、そこが一番大事なところですね。オール君から伝わってきたのは、こんな気持ちです。前世の気質のまま――つまり、懐《なつ》かない、誰にも愛されない状態のことです――そんな自分でもすべてを受け入れられ、愛される経験がしたかったと……」

Yさんのすすり泣く声が聞こえてきたので、私は驚いて話を中断しました。今までの強気な言動や写真の華やかさから、Yさんと「すすり泣く」という行為はとても不似合いな感じがしたのです。それでも私は、初めてYさんの素顔を見たような気になりました。すると、今まで感じなかった親しみが湧いてきたのです。

「嬉しいニュースもありますよ。オール君は、Yさんが触ったり撫でたりしてもいいと言っていました。報告が終わった後、してあげたらいかがでしょう」するとすすり泣きは、号泣に変わりました。

「先生、すみません。頭が混乱しています」とYさんが訴えたので、いったん報告を終えることにしました。

報告を終えた数時間後、オールは静かに息を引き取りました。実は、Yさんに報告しているときも、オールはいつもの狭いコーナーにいたというのです。そこでYさんの方がソファーに横になって付き添うことにしました。抱きしめて撫でてやりたい気持ちになりましたが、ピューマの話を聞いた今、オールが嫌がることはしたくないと思ったそうです。

そのうちうとうとしてしまったYさんは、足の方に重みを感じて目が覚めました。上体を起こしてみると、オールがそこにいて、じっとこちらを見ていたのです。Yさんは夢ではないかと思ったそうです。先ほどまでいつものコーナーにいたオールは、自力で立ち上がれないほど衰弱していたのです。

「オール、ママのところに来てくれたの！」その声を待っていたように立ち上がったオールは、Yさんが手を伸ばすと、崩れ落ちるように身を預けてきました。その後すぐに痙攣《けいれん》がきて、Yさんの腕の中で旅立ったのでした。

オールの最後の様子を聞いたのは、5日後、葬儀の後のことです。

「先生、抱っこしたときオールは、苦しい息の中、ゴロゴロ言ってくれたのです。初めて聞いた、オールのゴロゴロでした」

Yさんはすっかり角が取れたような口調で、そう言いました。

このとき私も、最後に話さなければいけないことがありました。Yさんが、頭が混乱すると言って中断し、伝えられなかったオールの言葉です。

「もう一つお伝えしなければ……」

「先生一つ、お聞きしたいことが……」

言うのがほぼ同時だったので、私たちは笑って譲り合いました。結局、彼女が先に言いました。

「オールが私のところに来て、こんな病気になって、突然逝《い》ってしまった。それって、私のせいではないかと思って……」

私は内心驚きました。思えばYさんとは驚くことばかりでしたが、今回は嬉しい驚きです。

「なにか思い当たることがあるのですか？」

「自分の恥をさらすようで言いたくないのですが」ここでYさんは、思い切るように息を吐きました。「先生、私、人を裏切って……主に男の人ですけれど、酷《ひど》い仕打ちばかりしてきました。前の電話のとき、私、頭が混乱してと言いましたが、ある男の人に、先生が言ったオールの言葉と同じようなことを言われたのを思い出したのです。『人にそんな仕打ちばかりしていると、いつか君は、受け入れられない、愛されない経験を呼び寄せるよ』って」そして、こう付け加えました。「オールのときが、そうだったのですね。行き先が決まっていたオールを、私が奪い取ったようなものです。そんなにまでしたオールは、私を愛してくれませんでした。でも、ようやく私を受け入れてくれて心が通ったと思った途端、オールは手の届かないところへ行ってしまった。先生、私の人生でこんな経験は初めてでした」

Yさんの告白を聞いたとき、私はどうぶつたちが前世を視せてくれる意味を、初めて知った気がしました。オールは、混濁する意識の中、こう伝えてきたのです。

「僕がママのところへ来て、こうして突然別れることは、ママにとっても大きな意味があるよ」

オールが最後に伝えてきたことは、Yさんの気づきと完全に一致していたのでした。

体験談❾ 加藤高明さん ―にゃん太郎君＆クー君（MIX猫 ♂）―

猫と暮らしていると、彼らが喜び楽しんで生きてくれることが自分の幸せそのものなんだ、と実感してきます。これはもう、猫神様がこの惑星の人間社会を愛で浄化する作戦に違いありません。

だからなのか、猫の下僕？になってしまう人が大勢いますね。

私も我が家の猫たちの魅力に取り憑《つ》かれてしまった1人です。なぜなら、アニマルコミュニケーションによって猫たちの本心が明瞭に理解できたからです。

6歳の兄猫にゃん太郎は私の気持ちに深く寄り添ってくれていること、3歳の弟猫クーは愛嬌《あいきょう》たっぷりの可愛い性格でありながらもどんどん成長していることが、具体的な言葉として伝わってきました。

一緒に暮らしている人間同士でも、口に出して話さなければわからないことって多々あります。どうぶつと長年一緒に暮らしていてわかったつもりであっても、実際はそうでもないかもしれません。

どうぶつたちは皆、人間のようなエゴがなく、それぞれの個性と感情のままに自然体で生かされています。そんな彼らから、私たち傲慢《ごうまん》ともいえる人間が学び成長することはたくさんありそうです。その橋渡しとして、アニマルコミュニケーションが常識になるときはもうそこまで来ているのではないでしょうか。

一方、この惑星のどうぶつたちは人間の集合意識レベルの影響を受けています。特に人間と関わっているどうぶつたちは、人間の思考、行動、環境から直接的な影響を受けざるを得ません。だからこそ人間目線だけではなく、どうぶつ目線も持ち合わせることが重要です。

地球家族として、人間が優

位な存在ではないと1人でも多くの人が気づき、人間とどうぶつたちとのコミュニケーションが自然に行われるときが早く訪れますように。

初めてのセッションは、にゃん太郎君に外出禁止令が出てすぐのことでした。

「自由にさせてあげたいと外出を許してきたけれど、心配だから、もう外へは行かないでほしい」と、加藤さんの気持ちを伝えたところ、散歩が大好きになっていたにゃん太郎君は、こう答えたのです。

「お父さんの気分次第で、出てもよい、だめと言われたら、僕たちは混乱してしまう」

そこから加藤さんの、安全に猫を外出させる研究が始まりました。2匹の首に下がっているのは、お父さんの愛が詰まった、GPS装置つきの御守りです。

http://kikinotable.jugem.jp/?eid=877

録画されたにゃん太郎君の散歩の様子を、キキのテーブルブログに掲載させていただきました。猫たちの知性や愛情深さがよくわかりますので、右記のアドレスへアクセスして、ご覧ください。

癒しという名の猫

愛するペットの前世を知りたいと思うとき、当然、生まれ変わり（転生）についても気になるものです。

生まれ変わりについて多いのは、「また私のもとに帰ってきてくれる？」という、切なる願いを反映した質問です。愛するペットが旅立った直後の人からは、つらさのあまり、こんなふうに聞かれることもあります。

「私のところへ、いつ帰ってきてくれますか？　どんな犬種（猫種）でしょうか？　どこに行けば、あの子に会えますか？」

私も小太郎を亡くした当初、悲しくて切なくて会いたくて、小太郎がいない現実は、モノクロの世界の中で暮らすようでした。最愛の犬の最期にきちんと向き合うことができなかった自分を、当時の私は価値のない人間と責めていました。自分を責めながら生きるのはつらいものですから、いろいろな感情を封じ込め、モノクロ世界に閉じこもっていたのです。そんな中でも、もう一度小太郎に会いたいという、切なる願いは残っていました。「どこに行けばあの子に会えますか？」と聞かれるたびに当時のことが思い出され、古い傷が痛むような気持ちになるのでした。

でもそんなつらさからくる願望を脇に置いて考えると、実際には、生まれ変わりは前世を読み解く以上に難しいといえるのです。私たち人間の転生でも、誰もが望むところに行けるわけではありません。例えば生前、悪事の限りを尽くした人間が、肉体を離れた後、猛烈に反省したとしましょう。その人は、次の転生で、望み通りの場所、環境、人に生まれることができるでしょうか……。残念ながら、猛省したからといって、前世の行いが帳消しになり、望み通りに生まれることはできないのです。

「蒔《ま》いた種は自分で刈り取らねばならない」という言葉を、どこかで耳にしたことがある方も多いと思います。これは、自分のした行為、とくに悪い行いは、必ず自分の行いで償わなければいけないという意味で、万人に共通の法則です。この法則は宇宙の摂理ですから、何人たりとも逃れることはできないのです。

そこで、どうぶつたちの転生に戻って考えてみましょう。最大の鍵は、どうぶつたちが、人間のように償わなければいけないほどの行為をするかという点にあります。償うべきものがないと、生まれ変わる理由はないのです。

では、愛するペットが生まれ変わって再び来てくれる理由は、他にあるでしょうか……。

それは、私たち人間側の行いや考えにかかっているのではないかと、私はセッションの数が増えていく中で感じるようになりました。そのことをわかりやすく示してくれたのが、ティキという、一風変わった名前の猫でした。

ティキは、Kさんの自宅の敷地内にある日ふらっとやってきた猫で、Kさんからの依頼内容は、それまでのティキの生活や今後のことについてでした。

「その顔の傷は、どうしたの？」という質問を読みながら添付されたティキの写真を見たとき、私は思わず視線をそらしてしまいました。白黒柄の大きくて若い雄猫で、健康そうな体軀をしています。顔は丸顔でした。元の顔は、さぞ可愛くて潑剌《はつらつ》としていたことでしょう。でも写真の目は引きつれたように攣《つ》れていて、顔全体にむくみや傷が見られます。猫好きならとても心が痛み、猫を知らない人が見たら、驚いた顔のまま固まった不思議な顔の猫と思うでしょう。

状況を把握するため、私は申し込みの記載事項を読み進めることにしました。ところが今度は、同居どうぶつたちの欄で目が止まってしまいました。

「1、2、3、4、5……」と読み上げましたが、なかなか終わりません。結局、（当時は）犬が3頭、猫が10匹という大所帯でした。後でKさんに確認したところ、愛護団体の手伝いをしていて、犬や猫はすべて、愛護センターから出されたり遺棄されたりと、行き場のない犬や猫たちを引き取っているのでした。それに加えて、ティキのように自宅周辺に来る野良猫たちの世話もして、Kさん自身は、フルタイムで仕事をしているそうです。想像しただけで、目が回るような忙しさです。そんな忙しさもあってか、Kさんはティキの今後について悩んでいたのです。それというのも、ティキは手を伸ばすと怒るからでした。

幸いK家は緑豊かな広い敷地で、家自体も充分なスペースがあります。今は、Kさんの寝室にティキを隔離しているのですが、これだけの数の犬や猫がいると、ずっと彼だけを一部屋に閉じ込めて生活するのは、難しいものがあります。実際今も、若いティキは隔離されて退屈そうで、他の犬や猫はティキのいる部屋に入りたがっているのです。

一緒にしてあげたいけれど、ティキが他の犬や猫にも怒ってしまうなら、K家で暮らすのは難しいでしょう。どうして怒るのか、みんなと仲良くできるか？　無理なら里親を探した方がいいか……。Kさんは、ティキの気持ちを知りたいと言うのです。

大人しいと気持ちを聞きだすまでに時間がかかりますが、ハッキリした性格だと引きだしやすいものです。ティキの元来の性格は後者でしたから、リーディングを始めるとすぐにいろいろなことが伝わってきました。

明るく行動的なところがあり、甘えたい気持ちも感じます。Kさんのことは、保護されてまだ日も浅いのに「お母さん」としっかり認識していて、大好きと伝わってきました。驚くことに、これからティキはお母さんを元気にしたり、補佐する役目をしたいとも言ってきたのです。そして、広い部屋（リビング）にたくさんの犬や猫がいることも感じていて、興味があり遊びたいと伝わってきます。ティキの気持ちはすでに、K家の猫なのです。

「ではなぜ、大好きなお母さんの手に怒ってしまうの？」

この質問をした途端、ピシャッと、頬を平手で叩かれたような衝撃が走りました。もちろんエネルギー上の世界の感覚ですが、私は思わず、自分の両頬を手で覆ったほどです。衝撃はすぐに焼けるような痛みに変わり、ティキの身に起こったことが視えてきました。

遠くに畑と金網の塀がある、広い場所にティキはいました。大きな駐車場に停められたたくさんの車も視えます。どうやら、会社の敷地内のようです。ティキにとっては、遊びに来たり、狩りをしたり、時には魅力的な雌猫と出会う場所のようでした。

その日は狩りに来たようですが、ティキを見つけ、建物の中から作業服を着た人が出てきました。手にペットボトルくらいの大きさの容器を持っています。ティキは大人の猫としての警戒心はありましたが、人間を好きな猫でしたから、その場にとどまっていました。作業服の人も、散歩にでも行くような足取りです。ところが、1メートルほどの距離まで来たとき、ティキに向かって、いきなり液体をかけてきたのです。

驚きと焼けるような痛みで、ティキは「ギャッ」と叫び声を上げて走り出しました。ティキが命を落とさなかったのは、生来の生命力プラス、助けてくれた人がいたからでした。

場面が変わり、ケージの中にいるティキが背中や顔に軟膏《なんこう》を塗られているのが視えてきました。液体は背中にまで飛び散り、一部毛を剃《そ》られた跡が盛り上がっています。こうしてせっかく助けてもらったティキですが、急に液体をかけられ、その後の激しい痛みから、人間に対する不信感が芽生えていました。治療のつらさと相まって、攻撃的になっていったティキ。Kさんの手が伸びてくると、シャーシャー言って怒るのは、そんな経緯からでした。

やがて顔の腫《は》れが今と同程度にまで落ち着いたティキは、隙《すき》をついて外へ逃げ出してしまいます。ところがティキは、狩りができなくなっていたのです。液体をかけられたとき、猫にとって大事な高性能センサーである髭《ひげ》も、損傷していたからでした。

空腹でフラフラしながら放浪していたティキに、ある日転機がやってきました。実際の猫なのか、はたまたあまりに可哀想なティキに大いなる力の助けがあったのか、それとも空腹のあまりの幻聴だったのでしょうか……。どれかは判別しがたい微細なエネルギーでしたが、（こっちよ。こっちへ来て）という声がしたのでした。とても柔らかく、優しい声でした。その声に導かれるようにして歩いたティキは、K家の敷地に辿り着いたのです。

「なにもしていないティキに、なんて酷いことを！　そんな人間は許せません」

それまで、おっとりした印象のKさんでしたが、事の顚末《てんまつ》を聞いた途端、烈火のごとく怒り出しました。

自分より弱い相手を虐待して楽しむなどというのは、人として最も恥ずかしいことです。ただ、ティキのケースの場合、虐待してやろうという意図を感じない点が救いではありました。まるで私たちが雑草でも抜くように、液体をかけてきたのです。その話をして少しでも怒りをおさめてもらおうと思いましたが、Kさんの怒りはおさまりません。後に知りましたが、Kさんはベジタリアンで、どんな生きものでも、痛い目、苦しい目に遭わせることが耐えられない方だったのです。

そんなKさんですから、どうぶつ優先で自分のことはいつも後回し、肝心なことを忘れたりする面もありました。私とのセッションのときもそうでした。Kさんが選んだのは四つ質問ができるセッションコースでしたが、リストには3問しか書かれていなかったのです。たいていの方は、たくさん聞きたいことがある中からようやく四つに絞ってくるのに、1問残す方など初めてでした。

「もう1問残っていますが、どうされますか?」と確認すると、「あっ、そういえば私、ずっと聞きたいと思っていたことがありました」

それを聞いて、私の頬は緩みました。ティキのために必要なことは漏らさず質問し、ティキに酷いことをした人には、今すぐ探しに行く勢いで怒るのに、自分がずっと聞きたかったことは後回し。そんなKさんの人柄に、私は好感を持ちました。

「生まれ変わりのことを聞きたいのです。ティキは、今まで家にいた子(犬や猫の)の生まれ変わりではないかと思うので」

「ではKさんが本命と感じる子の写真と、それ以外にダミーの子の写真を数枚用意して送ってください」

　生まれ変わりを聞くときのやり方は、私の場合、とてもシンプルです。送られてきた写真をすべて印刷し、それぞれ名前を書きこみます。すべての写真を裏返してシャッフルします。どの子が本命なのか、私は知りません。裏返したまま、左手に旅立ったどうぶつの写真を1枚持ちます。右手に現在の子（ここではティキ）の写真を持ちます。（ティキは左手に持った写真の生まれ変わりですか？）と心の中で聞きます。そして身体の力を抜き、心を落ち着け静かに待ちます。違う場合は左手になんの変化もありませんが、該当する場合は、左手全体が熱くなるか、ぐっと重くなってくるのです。

　そこで左手に意識を集中させ、（ティキは、あなたの生まれ変わりですか？）と尋ねます。イエスの場合は、左手が面白いほど反応するのです。聞いた途端、ずしんと左手のひらが重くなり、下へ落ちていく感覚があります。依頼者に、私の選んだ写真が本命と感じた犬や猫に該当するかを聞くのですが、これまた、面白いほど一致するのでした。

いつも気の毒な境遇のどうぶつたちを保護しているKさんらしく、犬や猫たちの写真がたくさん送られてきました。印刷し名前を書きこんでいきましたが、プリンという名の猫の写真で、手が止まりました。猫の皮膚にできる腫瘍で扁平上皮《へんぺいじょうひ》がんという疾患があります。このがんが顔、特に口腔《こうくう》内にできた場合、顎《あご》などの一部が欠損してしまうこともあるのです。写真のプリンがまさにそうで、元の顔が想像できないほど痛々しいものでした。プリンは、小柄なシャム風の雌猫で、片方の目はとても美しいブルーです。聡明《そうめい》さと優しさを感じる目でした。でももう片方の目は、下から盛り上がってくる腫瘍で小さくなり、顎から下は事故で失ったかのように、欠損していました。プリンの写真に添えられたKさんの文がなかったら、痛々しい気持ちはなかなか消えなかったことでしょう。

Kさんは親切に、「私はプリンがティキではないかと思っているのです」と、書いてきたのです。Kさんが書いた、まさにその部分の答えを導き出すのが私の仕事で、そのためにセッション代金を支払っているわけです。これでは、先に答えを教えてテストをするようなものではないですか……。

前世でがんを患《わずら》い顔の一部が欠損してしまった猫が、今世では顔に薬品をかけられる

――。

　そんな過酷な思いをしなければならない要因など、どうぶつにはあり得ないと思っている私は、プリンを候補から外していましたが、判定すると不思議なことが起こりました。

左手が重くなるのはプリンの写真なのです。最初は、写真を裏返していても、Kさんから聞いた答えが影響しているのだろうと推測しました。そこで意識を整え、もう一度やりました。手が重くなった写真を確認して、ドキッとしました。やはり、プリンなのです。

プリン以外の犬や猫は一切反応しないというくらい、際立っていました。

その日は中断し、翌日、また行ってみました。そのとき私はすっかり落ち着いていたのですが、二度行って、二度ともプリンでした。

プリンの写真に意識を集中させ、聞いてみました。

「あなたが生まれ変わった猫は、今のティキですか？」

いつもなら、ずしんとくるのですが、その日はしばらく間が空き、少しだけ手が重くなりました。そのまましばらく待っていましたが、もうなんの変化もありません。言葉にするなら、一部合っているけれど、全面的にイエスとは言えない感覚です。それは、今まで経験したことがない感覚でした。

Kさんにそのまま報告したところ、「ああ！」と小さく叫んだ後、涙声になりました。

「やっぱり、プリンですね」

プリンではないと感じるが、プリンが一部関わっているのではと話した後の返事だったので、私は小さく「えっ？」と叫んでしまいました。

「私、プリンが亡くなってすぐ、網膜剥離《もうまくはくり》になってしまったのです」Kさんは、プリンとの出会いまで遡《さかのぼ》って、理由を話してくれました。

Kさんの仕事は看護師でした。看護師の仕事は肉体的にも精神的にもハードなものです。実際Kさんは、日々の仕事と、たくさんいるどうぶつたちの世話、そして家事と、疲れが蓄積していたのでしょう。そこに、顔のがんがあるプリンのお世話が加わったことで、疲れはピークに達したものと思われます。プリンの看病をしたのは1カ月ほどだったそうですが、看取った直後、目を患《わずら》ってしまったのです。手術をし、自宅で絶対安静と言われたKさんの元へ、今度は、ふらりとティキが現れたのでした。

話を聞きながら私は内心、（なんでそんなタイミングで、ティキがやってくるの）と呟いていました。少しはKさんを休ませてあげたい、と思ったのです。それはKさんも同じだったようです。

「そのときはなんでまたと思ったけれど、今回前田さんから、ティキが家に来るまでのことを教えてもらって、ティキが優しい声を聞いたとうかがったとき、『ああ、プリンが連れてきてくれたんだ』と、わかったのです」

今度は私の口から「ああ！」と声が漏れました。あのとき感じた声のことをすっかり忘れていたのですが、今こうして話を聞いてみれば、声の優しい感じは、プリンのエネルギーと、とても似ています。

私たちは、しばらく無言になっていました。それぞれ頭の中で、今までの断片を集め、時系列に並べていたのです。先に口を開いたのは、私でした。

「何度やってもプリンのカードが重くなって、でも『あなたが生まれ変わった猫は、今のティキですか？』と聞いても、今までにないような微妙な動きで不思議だったけれど……今、納得がいきました」

するとKさんは、「一緒に暮らしたのは短い間でしたが、プリンはとても賢くて優しい子でした。顔の痛みはすごくあったと思いますが、我慢強くて……私がお世話をすると、ゴロゴロ言って喜んでくれるのです。そんな子だったから、がんの痛みで彷徨《さまよ》っているとき、家にご飯を食べに来ている、クロ君が連れてきてくれたのだと思います」と、驚くようなことを言ったのです。

「えっ？」と、私はまた叫んでいました。

「プリンも他の猫に連れられて、Kさんのところに来たのですか？」

「ハイ。黒猫で優しい子がいるのですが、ある日、その猫と一緒に、庭に停めてある夫の車の下にいたのです。ティキも同じところにいました」そう言うと、Kさんは声を震《ふる》わせました。

「私、今、プリンに会えたような気持ちです」

それからしばらく、少し時間が空くたびに、私はプリンとティキのことを考えていました。ティキは確かに、プリンのエネルギーに似た声に導かれ、K家にやってきました。左手に感じた今までにない重みから、プリンが関係しているのは間違いないと思います。黒猫に教えてもらいK家に来て救われたプリン、その場所と同じところにいたティキ、これも偶然とは言えないでしょう。でも……。

今後のセッションに役立てるため、もっと明確な答えのような、そんな実感が欲しかったのです。

1カ月ほど経ったころでしょうか。Kさんから、次にお願いしたい犬がいるとメールが来ました。その本題の後に、ティキのことが書いてありました。あれからティキは、どこでも自由に移動できる身になっていました。今では、家の中をあちこち探検しているそうです。そして、犬のように自分の後をついてくる、愉快で可愛い猫だと書いてありました。

そのメールを読みながら、私はふと、ティキ自身が言ったことを思い出したのです。

「これからは、お母さんを元気にしたり補佐する役目をしたい」と、コンタクトしてすぐ、ティキは言ってきたのでした。その通りになって良かったと返事を書くと、Kさんからこんな返信がありました。

「そう言えば、まだお話ししていなかったかもしれません。ティキという名は、マオリ族の言葉で、〝病人を癒す〟という意味なのです」

ティキの名の由来は、私の心に水の波紋のように広がっていきました。

しばらくぼんやりして、プリンとティキの繋がりに心を馳《は》せていました。

メールと一緒に送られてきた写真には、廊下を散策しているティキの姿がありました。長い尻尾をアンテナのようにピンと立て、意気揚々と歩いています。写真からも広い家だとわかるのですが、あちこちに犬や猫の姿が写り込んでいて、彼らのベッドやケージもありました。目を患ったKさんが、ティキをお供にこの廊下を歩いていく姿が目に浮かぶようです。

そのときふわりと、プリンの優しいエネルギーを感じたのです。Kさんを包み込むようにして、付き添っているのでした。色に例えるなら薄い紫で、柔らかいベールのようなエネルギーです。集中してみると、私にまでゆったりとした癒しが広がってきます。このとき私は、転生に関する明確な答えを求めて、Kさんはなぜティキという名前をつけたのかを聞こうと、携帯に文字を打ち込んでいたのですが、結局、消してしまいました。

Kさんに注がれているこの優しさと癒しが、なによりの答えと知ったからです。

体験談⑩

金子真由美さん ―ティキ君（MIX猫 ♂）―

私は個人でどうぶつ保護活動をしています。縁あって我が家に来た子たちに、できる限りの愛情を注いでいます。

その子たちの中でも、どういう経緯で私のところに来たのだろうと疑問を感じたり、なぜこのような行動をとるのだろうと思うことがありました。人間の言葉を話してくれたら……と、思い悩むことも何度もありました。

そのときに、前田さんのことを知りました。

もちろん、何も知らなくても愛情が薄れることはありません。が、この子が我が家に来た経緯やそのときの思い、我が家に来てどう感じているのかなど、知ることでさらに愛情が深まりました。疑問に感じていた行動も、なるほどと納得でき、それに対してどう対処すべきか考え、接することができました。

人間の言葉を喋れないこの子たちに、私たちから歩み寄る最善の方法、それがアニマルコミュニケーションだと思います。

先日、我が家の子たちのうち、1人がリンパ腫で亡くなりました。
その子は前田さんに「みんなとまだ一緒にいたい。だから治療を受けてみる」と言いました。その気持ちを聞くことができ、それに向かって頑張れる決心ができたことが本当にありがたかったです。
結果は抗がん剤治療が合わず1回だけで断念しましたが、「みんなと一緒にいたい」という希望を叶えるために、たくさんの工夫をしました。そしてできるだけ明るく、涙を見せないよう心掛けました。他の子たちには「我慢させてごめんね」「そばにいてあげてね」と毎日のように言葉掛《が》けをしました。

発症してちょうど半年、仲間たちと私たち夫婦に看取られ息を引き取りました。

看取ったあとは、ともすれば後悔ばかりが心に残ります。ですが、もちろん悲しみは大きいけれどみんなと一緒に精いっぱい送ることができたという喜びに似た感情に満たされています。

前田さんにはこれからも、言葉を話せない純粋な生きものの代弁者となって、私たちに生きものたちの豊かな感情や愛情、思慮深さを伝えていただきたいです。

アニマルコミュニケーターになってどうぶつたちの心の声を通訳してわかったことは、どうぶつたちは、私たち人間と共通の言語がないだけで、すべて理解しているということです。そんなどうぶつに対して、遺棄や虐待を平気で行うことは、人間として最も卑怯《ひきょう》で恥ずかしいことだと、これからも発信していきたいと思います。写真のティキ君は、私がセッションした2年前からみたら、ずいぶんお顔の状態も良くなり、今は手も怖がらずこうして抱っこされています。金子さんの日々の愛と献身の賜物《たまもの》ですね。今回こうしてご紹介できて、とても嬉しく思っています。

5章

さようならはいらない

26年ぶりの再会

さまざまな場所で仕事をする機会が増えて、いろいろな方にお会いするようになると、こんな風に言われることが多くなりました。

「いいですね、前田さんは。困ってもすぐに（自分のペットの）気持ちを聞けるから」

説明すると長くなってしまうので、私はたいてい笑いながら、「ええ、まあ」と返すのですが、実際は、アニマルコミュニケーターが自分のペットのリーディングをすることは、ほぼありません。

今日は散歩に行きたくないとか、AとBでどちらが食べたいかなど、とても簡単な質問なら可能です。でも、重い病にかかっていて、これからどんな治療を望むか、自分のことをどう思っているかなどのリーディングとなるとどうでしょう。誰でも、愛するペットと少しでも長く一緒にいたいですし、自分のことは大好きでいてもらいたいものです。エネルギーや感情は目に見えないものですから、聞きたいことが深い悩みであればあるほど、

どこまでが自分の願望や希望的観測で、どこまでが受け取ったペットの気持ちか、区別がつかなくなってしまうのです。

そんなわけで、アニマルコミュニケーターも他のコミュニケーターに相談する方が多いのですが、私の場合、過去に2回だけ、自分のペットのリーディングを行ったことがあります。1回目は駆けだしのころで、『はじめに』でご紹介した「キキ」という猫でした。2回目は、開業して4年目の秋でした。その相手こそ、最も思い入れの強い小太郎だったのです。

小太郎と話をしたのは、サラサラとした空気が心地良い午後のことでした。その日私は、小太郎と話をしてみよう！　という気持ちでチャレンジしたわけではありません。ゆったりした気持ちで、午後の時間を満喫していたのです。

開けた窓から吹く風が、部屋の奥にある犬や猫の祭壇コーナーまで吹き抜けていきます。祭壇には、小太郎の後、共に暮らした猫たち6匹の写真が飾られていて、古い小太郎の写真は、猫たちの写真の陰で額だけがのぞいていました。

その日、私がとりわけ穏やかな気持ちだったのは、何日か前、旅立ちから40年経った犬とのコミュニケーションの依頼をクリアできたからでした。何年経っても対象のペットへの愛があればコンタクトはできると、私は根拠もないまま信じてきたのですが、他のアニマルコミュニケーターは、年月に制限を設けていることが多いのです。旅立って相当年数が経っている意識に繋がることは、現在のその子の意識の前進を妨げてしまう（過去に向けて引っ張ってしまう）懸念があるというのが主な理由です。もう一つは、年月の経過で、共に暮らした時代のキャラクターから大きく変化していることが多く、飼い主さんが、その子だという実感を持ちにくいからなのです。

40年前に旅立ったマルという犬は、依頼者の気持ちが強かったので、その思いを入り口にしてリーディングをすることができました。

結果は、「マルと暮らした日々が昨日のことのようです」と喜ばれる、昔のままの情報を送ってくれたのです。

そのセッションをツラツラと思い出しながら、お茶を飲もうと立ち上がったとき、ピューと唸《うな》る強い風が吹いてきて、祭壇の写真が何枚か倒れてしまいました。

元の位置に戻しながら見るともなく見ると、倒れたのは小太郎の写真でした。

1枚は横向きの全身で、ツンと上向きの鼻を突きだして空を見ています。2枚目は正面から撮った顔のアップで、可愛らしさがギュッと詰まった表情でこちらを向いています。声をかけたら駆け出してきそうで、何年かは見るのがつらかったものです。

私はその2枚の写真を手に取ってしばらく眺めていたのですが、ふっと、小太郎と話してみようと思い立ったのでした。今までは、いつか小太郎と話したいと思いながら、怖くてそのままにしてきたのです。40年も前のマルと話せたのだからという気持ちもあったのかもしれませんが、なんだかその日は今までにないほど軽い気持ちになっていて、小太郎とも話せる気がしたのでした。

リーディングをするとき専用のリクライニングチェアに座って目を瞑り、私は深い呼吸をしました。ひと呼吸ごとに、全身の力を抜いていきます。

次に、小太郎のフルネームと亡くなった年月日を思い浮かべます。26年前の日に、意識を集中させ話しかけました。

「小太郎、久しぶりですね。今、どうしていますか?」

しばらくなんの変化もありませんでした。こういうときは焦らず待つのですが、その日はなぜか心地良く眠くなってしまいました。まるで、フカフカのお布団に包まれ、深い眠りに落ちる間際のようです。

やがて、うとうとしていた瞼《まぶた》の裏が黄金色《こがねいろ》に染まりました。驚いて目を覚ますと、黄金色は波打つように揺れています。テレビで観たインドの川のようだと感じると、いきなり大画面になり、とうとうと流れる大河になりました。水の表面には、キラキラとした光の粒が星形の宝石のように輝いています。

そのきらめきの中に、どれくらいの時間浸っていたことでしょう。30分以上に感じましたが、実際はすごく短かったかもしれません。この辺りから時間と場所の認識は薄れ、リクライニングチェアに座っている感覚も失せていました。

なんの前触れもなく黄金色の水面が消えると、身体がふわりと浮くような感覚がありました。

黄金色が鈍色《にびいろ》に変わり、その色が空だとわかったときには、私はどこかの街角に降り立っていました。四角い石畳と尖《とん》がり屋根の教会らしき建物が視え、微《かす》かな海の香りが鼻をかすめていきます。日本ではない、ヨーロッパ、地図で言えば南部にあたる港町と感じます。

私は心の中で唱えました。

（ここは、今、小太郎がいるところ？　どんな犬になっているの？）

この質問をした途端、茶色い犬の後ろ姿が視えてきました。小太郎とはまったく似ていません。大きい立ち耳の中型犬のようでした。首には、幾何学模様の美しい生地で作られたバンダナをしています。

その美しさに見惚れているうち、私の意識は生地を扱う店の中に移動していました。白い壁に、栗色《くりいろ》の窓枠に縁どられた大きな窓があります。床は、薄い色の木目調がずっと続いていて、店内の広さを感じます。そんな空間に色とりどりの布地がディスプレイされ、店員とおぼしき女性が忙しそうに働いているのでした。

茶色い犬は、お店の真ん中付近にある大きな観葉植物の鉢の横に、スフィンクスのように座っていました。行き交う店員が目配せしたり、軽く頬を撫でたりしていきます。どうやらこの店の看板犬のようでした。姿形は違っても顔を視れば小太郎かどうかわかるだろうと思い、正面に回ろうとするのですが、どうしても顔が視えません。それでも私は、じんわりと喜びを感じていました。私の犬だったころは、こんなふうにいろいろな人から可愛がってもらう機会をつくってあげられなかったのです。

不意に小太郎と出会ったころのことが思い出されてきて、喜びはすっと引いていきました。入れ替わるように、重い記憶が顔をのぞかせます。

結婚して間もないころ、遊びに行った知人の家でのことです。その人は、東京の友人から購入したと言って、小さなマルチーズを見せてくれたのです。それが小太郎でした。見るからに弱々しく、聞けば自分で水を飲むのもやっとで、ご飯もあまり食べないというのです。幼く弱々しい小太郎に、私は当時の自分を重ね合わせたのでしょう。知人とのお喋《しゃべ》りにも身が入らず、小太郎のことが気になってしかたありません。それからしばらく経って、その知人が、小太郎をいらないから元の人に返したがっていると聞き、名乗りを上げました。

当時の私は、自分が弱い子犬を救ったような気持ちでいました。ですが、実際は犬としてとても不適切な暮らしでした。接するのは私か夫だけで、他の犬や人と触れ合うことが必要と思い至りませんでした。そして日々の生活と仕事に追われていた私は、食の細い小太郎に、主食がオヤツのような生活をさせていたのです。

悲しみなどの負の感情には強い力があります。コンタクトを取るまではとても気軽な気持ちだったのに、私はすっかり落ち込んでいました。

（今の飼い主さんは、素敵な大人の方でありますように）

そう願った途端、今度は、石畳を歩く女性が視えてきました。クラシカルな装飾がついた街灯が灯《とも》る夕暮れの中、ゆるやかな坂道を上っていきます。

初老で高い鷲鼻《わしばな》が特徴的な、温和な目をした人でした。首には、今の小太郎がしているのと同じ生地のスカーフを巻いていています。小太郎は、彼女の脇に付き添うように歩いていきます。歩調が妙にゆっくりだと思って視ていると、その女性は片足が不自由なのでした。小太郎はそんな彼女にぴたりと歩調を合わせ、坂道を上っていきます。

トボトボ歩きで道を横断して、渡った先の角が自宅のようでした。女性が鍵を取り出すと、小太郎は2本足で立ち上がり、ドアにハイタッチでもするようにして、前足をかけています。それから女性に向かってジャンプをすると、女性は笑顔になり、慣れた動作で抱き上げました。

それを視た瞬間、私の胸は熱くなり、鼻の奥がツンとしました。私が教えたわけではありませんが、昔も、鍵を取り出すと、小太郎は今とまったく同じことをしていたのです。

小太郎に間違いないと思うと、嬉しさのあまり名を叫んでいました。

「小太郎！　小太郎！」

　家の中に入りかけていた小太郎は、飛び出してきてこちらを見ました。あっ、という顔になったと思うや、私めがけて走り出したのです。身体が一直線になるような、全力疾走です。ひと蹴《け》りごとに街並みや景色が遠のいていき、それと共に、祭壇の写真の小太郎に戻っていきます。

　小太郎は最後に高くジャンプすると、聞いたこともないほど大きな声で鳴きました。

「ワンワンワン（お姉ちゃん、お姉ちゃん！　やっと会えたね）！」

　すっかり忘れていましたが、当時若かった私は、自分のことを「お姉ちゃん」と言っていたのです。小太郎にお姉ちゃんと呼ばれて、一瞬で26年前の自分に返った気になりました。

「会いたかった、会いたかったよ！」

　私は夢中で小太郎を抱きしめていました。どこからこんなに湧き出てくるのかと思うほど、涙が溢れて止まりません。

　抱っこした肩の辺りに押し付けてくる頭の重さ、尻尾の振り方、肉球の柔らかさ、そして当時使っていたシャンプーの香りまで、すべてがあのころの小太郎です。

このとき私は、不思議なことに、昔の自分の気持ちになりながら、一方で、今の仕事のことを考えていました。

アニマルコミュニケーターになって、ペットロスになった人のセッションを１０００人以上は経験してきました。そしてこれからも、悲しみと喪失を抱えた人たちが相談に訪れることでしょう。そのすべての人に、この喜びを伝えたいと思いました。今がどんなに悲しくとも、諦めてはいけません。悲しみや苦しみは、しょせん喜びには勝てないのです。


自分の心と身体に刻みつけるようにして、私は長い間、小太郎を抱きしめていました。小太郎も大人しくして、長い飾り毛のある尾を振り応えてくれます。

どれくらい時間が経ったでしょうか……。じんわりと小太郎の気持ちが伝わってきたので、私は聞き耳を立ててました。

「よかったね」と聞こえてきたので、手を緩めます。

「うん。こうして、また会えるなんて夢にも思っていなかった」

小太郎はポンと下へ飛び降りると、じっと私を見上げてきました。不服そうな顔をしています。

「僕が言ったのは、今、自分を大事にできるようになって、〝よかったね〟ってこと。あのころのお姉ちゃんは、自分を大事にできていなかったから。いつも強がりの鎧《よろい》を着けていたけれど、心の中はボロボロだった」

涙を拭きながら聞いていた私の目から、また涙が溢れてきました。小太郎は知っていたのだという驚きとともに、長い年月消えることがなかった思いが、湧いてきました。

26年前、病院に小太郎を置いてきた日が昨日のことのように思い出されます。酸素室に入れられた小太郎は、短くて浅い呼吸をし、誰が見ても間もなく生を終えようとしていました。それでも私は、小太郎を目の前で失うのが怖くて、逃げるように病院を後にしたのです。あの日のことを謝りたいと、ずっと思い続けてきました。

「あのときは、ごめんね、ごめんね」

私はしゃくりあげながら、謝りました。

謝りながら、セッションを受けに来て、愛するペットに謝る飼い主さんたちの思いが、本当に沁《し》みてきました。愛するペットにありがとうを言えるようになる前には、ごめんねという気持ちを出し切る必要があるのです。

謝り続けている間、小太郎は座り込んだ私の膝に乗って、顔を心配そうにのぞき込んでいました。

「ありがとう」と言って頭を撫でてやると、小太郎はまた膝から飛び降り、今度は自分の番だというような顔をします。

「お姉ちゃんは謝るけれど、僕はあのとき、とても満足だったよ」

どうぶつたちは、どうしてこうも優しいのでしょうか……。私は、それは優しい嘘だと思って首を横に振りましたが、小太郎は珍しく毅然《きぜん》と胸を張るのです。

「小太郎のときの僕の役目は、不安定だったお姉ちゃんを支えて、護ることだったんだよ。あのとき、お姉ちゃんはもう限界だった。だから、僕はあそこ（病院）で逝くことを選んだんだ」

私はあまりに驚いて、あんぐりと口を開けたまま、声も出せませんでした。幼いころから先天的な疾患があり、成長するにつけ心臓も患っていた、食の細い2キロにも満たない犬が、飼い主を支え、護っていたと言うのです。

私は動揺を鎮《しず》めようと、胸に手を当てました。すると、今までセッションした犬や猫たちの顔が浮かんできたのです。

今まで経験したセッションの内容を思い起こしてみれば、思い当たることはたくさんありました。特にペットロスのセッションでは、愛するペットから想像を超えた深いことを言われ、それまで思い悩んでいたことの真相を初めて知った人がたくさんいるのです。そういう相談者は、私と同じように、愛するペットに対して至らなかった自分を悔いているものです。もしあのとき、こうでなかったら、こうしていれば、と、看取《みと》りや闘病生活への対応に強い後悔を感じています。

病弱でか細く、ひたすら尽くしてくれた可愛い犬……。ずっとそう信じ込んできた小太郎のことを、私は今初めて見たように、まじまじと見つめました。

今日までの私は、どうぶつたちの一途な愛で、人間の至らない点が許されているのだと思っていました。でも、もし、それだけでなかったとしたら……。

「たった独り、病院の処置室の中で逝ったこと……悲しく、寂しい気持ちではなかったの？」

そう聞くと、小太郎は眉間《みけん》を開いて、すごく嬉しそうな顔になりました。

「もちろんだよ。僕はお姉ちゃんを支えて、護り通して満足だったよ。もう少し待てばお姉ちゃんに会えたけれど、僕はあの瞬間に身体から離れた方がいいと思った。あの日は人手が少なかったし、ベストなタイミングだったね」

〝ベストなタイミング〟と言われて、私はまた驚いたのですが、記憶を辿れば、確かにそうなのです。あの日は病院に行こうとしたとき電話が鳴り、家を出るのが少し遅くなりました。そして主治医は外せない用があり、不在でした。後から、「小太郎君は、逝くタイミングをわかっていたのかも。私がいたら、なんとかあなたに会わせたくて、もう無理と知りながら蘇生《そせい》をして、小太郎君に負担をかけていたかもしれないわ」と、言われたのでした。

「あのとき先生は、私を慰めるためにそんなことを言ったと思っていたけれど、本当だった。小太郎は、あのタイミングを自分で選んだ……」

独り言が、口をついて出ました。言いながら、私は大事なことに気がついたのです。

アニマルコミュニケーターになって、私はどうぶつたちのさまざまな愛や献身に触れてきました。彼らの心の声を直に聞き、一途な愛や純粋な心に、敬意を持っています。ただその愛や献身は、彼らから一方的にもたらされるものだと、どこかで思っていました。

でも、敬意を持つのであれば、それが人であれどうぶつであれ、彼らの存在はもちろんのこと、彼らの考えや思いを尊重し、認める必要があります。

小太郎は一方的に私に尽くして耐え、独り寂しく旅立ったわけではなかった。私のような精神的に幼い人間と暮らすことで、学び、成長し、やり遂げることが、小太郎自身にも必要だった。そのことに私は、思いが至らなかったのです。

ここまで考えていると、先ほど視た、足の不自由な女性にぴたりと寄り添って歩く小太郎の姿が浮かんできました。私を支え護り、それをやり遂げたからこそ、今こうして足の不自由な女性を立派にサポートできているのではないでしょうか。

私は今まで意識に上がってこなかった、深い喜びと感謝が湧いてくるのを感じていました。同時に勇気も湧いてきて、26年間くことができなかった思いを、ようやく口にできたのです。

「小太郎、……私の犬で、幸せだった?」

小太郎はうんと言うように力強く大きく頷くと、胸に前足をかけてきました。私が泣くと、いつも手や頬を舐めてくれたものですが、このときも、頬の涙を舐めてくれました。小太郎の舌の感触は、今こうして書いていても、頬が温かくなってくるほど鮮明に思い出せます。

でもそのとき、温かさが急速に薄れていくのを、私は感じ始めていました。突然のことでしたが、小太郎はもう、今いる場所へ戻らなければいけないのだとわかりました。

私は小太郎を抱き上げると、フワフワの毛に顔を押しつけて名残を惜しみました。それからそっと地面に下ろし、生前いつもそうしていたように、お尻を軽くポンと叩いて押し出しました。

小太郎は私の元に走ってきたときと同じ勢いで、駆け出していきました。一度立ち止まって振り返りましたが、再び走り出した時は、茶色い犬に戻っていました。

気がつくと私は、コンタクトを取り始めたときと同じ姿勢で、リクライニングチェアに座っていました。辺りを見回すと間違いなく我が家のリビングで、吹き抜ける風がレースのカーテンを揺らしています。ゆっくり手足を動かしてみると、少しずつ感覚が戻ってきました。

夢を見ていたようで決して夢ではないという力強い感覚が、私の全身を巡っていました。なにも変わらないのに、すべてが変わったような、不思議な自覚もあるのでした。


一つだけ、確信を持てたことがあります。

走り出した小太郎が立ち止まって、振り返ったときのことです。私はさようならを言おうと思い、片手を上げたのですが、すぐに手を下ろしました。そうしてみてようやく、26年も経ってこうして繋がれたことの意味を理解できたのです。昔はあれほど別れを恐れていたのに、今は少しも怖くありません。そして、さようならを言う気にもなりません。


私の様子を見ている小太郎の表情は、こちらからは見分けがつかないほど遠く離れていました。でも見えなくとも、今の私にはわかるのでした。

私が片手を上げると心配そうに小首をかしげ、こちらへ駆け出すように、前足を上げました。私が手を下ろした途端、小太郎も足を下ろします。私の心意を感じ取るようにして、身じろぎもせず、じっと見つめているのです。

「さようならはいらないね」私の口から自然に、言葉が出てきました。

小太郎は頷くように顎を引くと、くるりと踵《きびす》を返しました。そして、風のように駆けて行ったのです。

おわりに

ラストの「26年ぶりの再会」を書き終えると、安堵《あんど》の深く長い溜息《ためいき》が漏れてきました。そのとき、ふっと気づいたことがあります。どうぶつに関わる仕事を始めてから、私はその時々に必要な言葉と出会って、背中を押されてきたのだと……。

最初は、ニュース番組のキャスターの一言でした。当時、日本では新種の仕事としてペットシッターを紹介していたのですが、「自分では飼えなくても、いろんなペットと触れあえて、楽しい仕事ですね」と言ったのです。実際はペットの命を預かる大変な仕事ですが、当時のキャスターは知らなかったのでしょう。でも、もうどうぶつと暮らすことはないと思っていた私に、その言葉は一筋の光のように射《さ》しこんできました。次はペットシッターになりたてのころ。ペットの様子を書く、留守番レポートの感想でした。「前田さんのレポートはすっと情景が浮かんでくるから、読むのが楽しみ」と言ってもらうことが多かったのです。その中のお1人は現役の編集者で、「いつか絶対、本になるわ」と言ってくれました。書くことは好きな私にとって、その言葉は、遠い空に輝く星のように感じたものです。でも、現実はそう簡単に思い通りには進みませんから、本のことも忘れかけていたころ、ある作家の言葉に出会ったのです。

「書きたいと強く思う対象があるのは幸せなことで、それは絶対書かないといけません。妙な例えだけど、商店の棚卸みたいなもので、やらないと次には進めない」

そのころには、どうぶつたちのエピソードはたくさん溜まっていて、彼らの純粋な気持ち、一途な愛、温かい瞳の奥にある優しさ、そして奇跡のようなエピソードを、どうしても世に出してあげたいと思っていました。あの言葉で、諦めずにいられたのです。そんな経緯があっての本書は、私1人で書いたのではありません。どうぶつたちとたくさんの方に支えられてのものです。携わってくださった、すべての方に御礼申し上げます。ここまで読んでくださって、本当にありがとうございます。読者の方は、本書の中で、かつての私のように、心に響き気づきに繋がるような言葉と出会えたなら、光栄に思います。そして、あなたの気づきをどうぶつに還元してくださることがあれば、私にとってこの上ない喜びです。

最後になりましたが、ビジネス社の編集者、赤塚万穂さんに感謝を捧《ささ》げます。同じどうぶつ好きな彼女が、私のインタビュー記事に目を留めてくれたことが始まりでした。原稿を書くという孤独な長い作業に、いつも寄り添い伴走してくれたことは、どうぶつたちが用意してくれたご褒美に違いありません。

11月吉日　愛する猫たちとともに。

【著者プロフィール】

前田理子（まえだ・りこ）

1996年、ペットシッター「わんにゃんシッター With」を開業。ペットシッティングの現場で「どうぶつたちの幸せは飼い主の心の在り方による」と痛感し、ペットの内なる声を聞く、アニマルコミュニケーションの勉強を開始。2014年、HP「キキのテーブル」を開設し、アニマルコミュニケーターとして始動。正確なリーディングに裏打ちされた、丁寧で心に響くセッションが評判となり、「ザ・フナイ」「猫びより」「朝日新聞デジタル sippo」「anan」など多数のメディアに取り上げられる。保護猫カフェでのミニセッションや、横浜国立大学ホームカミングデーでセッションの実例を講演するなど、アニマルコミュニケーションの普及にも力を注いでいる。横浜市在住。夫と3匹の猫と暮らす。著作に『ねこ瞑想　毎日５分ねこになる』（辰巳出版）。

ホームページ　http://kikinotable.com/
ブログ　http://kikinotable.jugem.jp/

魂はずっとそばにいる

旅立ったペットからのメッセージ

2020年12月１日　第１刷発行

著　者　前田　理子
発行者　唐津　隆
発行所　株式会社ビジネス社
　〒162－0805　東京都新宿区矢来町114番地
　神楽坂高橋ビル5Ｆ
　電話　03－5227－1602　FAX 03－5227－1603
　URL　http://www.business-sha.co.jp/

〈カバーデザイン〉林　陽子（Sparrow Design）
〈本文DTP〉茂呂田剛（エムアンドケイ）
〈印刷・製本〉モリモト印刷株式会社
〈営業担当〉山口健志〈編集担当〉赤塚万穂

ISBN978-4-8284-2232-9